Geografiya O'qituvchisining Darsga Tayyorgarligi Va Dars Tahlil Qilish Usullari

Matsaidova S.X.,
Artiqova I.O., Rajabov H.Z.

© Matsaidova S.X.

Geografiya O'qituvchisining Darsga Tayyorgarligi Va Dars Tahlil Qilish Usullari

by: Matsaidova S.X., Artiqova I.O., Rajabov H.Z.

Edition: June '2024

Publisher:
Taemeer Publications LLC (Michigan, USA / Hyderabad, India)

ISBN 978-93-5872-502-5

© **Matsaidova S.X.**

Book	:	Geografiya O'qituvchisining Darsga Tayyorgarligi Va Dars Tahlil Qilish Usullari
Author/s	:	Matsaidova S.X., Artiqova I.O., Rajabov H.Z.
Publisher	:	Taemeer Publications
Year	:	'2024
Pages	:	112
Title Design	:	*Taemeer Web Design*

KIRISH

Pedagog faoliyatining muvaffaqiyatli kechishi uning shaxsi, harakteri, o'quvchilar bilan muomilasiga ham ko'p jihatdan bog'liq bo'ladi. Lekin, odatda bo'larning ta'lim-tarbiya jarayoniga ta'siri ahamiyatsizdek tuyuladi. Tajribali pedagog uning hatti-harakati o'quvchilarga qanday ta'sir ko'rsatganligiga ahamiyat berib, unga kerakli tuzatishlar kiritib, takomillashtirib boradi. Bunday o'qituvchilarning muammolaridan o'quvchilarda o'qishga intilish o'zlarida yanada yaxshiroq o'qishni uddalay olishiga ishonch hissi paydo bo'ladi. Bu holda ta'lim va tarbiya metodlari pedagog shaxsida mujassamlangan sifatlarni amalga oshirish va undan o'quvchiga axloqiy fazilatlarni o'tkazish vositasiga aylanadi. O'qituvchi yuqori darajada psixologik-pedagogik tayyorgarlikka ega bo'lishi bilan bog'liq bo'lishini e'tirof etish lozim.

Ta'lim va tarbiya metodlari, usullari, shakllari pedagogning bolalarga mehr-muhabbatidan harorat oladi va insonparvarlik hissi to'la qalbidan o'tib takomillashadi.

Bizning jamiyatda o'qituvchi bolalarni kelajak haqidagi orzu -umidlar bilan ruhlantirishga kelajak ideallarini hozirdan mustahkamlashni ularga o'rgatish, kelajak bolalar qoshiga kelgan kishidir.

O'zbekiston Respublikasining "Ta'lim to'g'risida"gi qonuni hamda "Kadrlar tayyorlash milliy dasturi" asosida o'qituvchi faoliyati mazmuniga qo'yiladigan talablar [4].

Birinchi prezidentimiz I.A.Karimov o'z nutqlarida yoshlarga katta ishonch bildirib, "O'zbekiston kelajagi yoshlar qo'lida",- ekanligini ta'kidlar ekan, avvalo yoshlarni shunday ishonchga javob bera oladigan insonlar qilib etishtirish o'qituvchi va tarbiyachilarning fidokorona mehnati bilan bog'liqligini nazarda tutadi.

Jamiyatimiz talab etayotgan har tomonlama etuq, komil insonni tarbiyalashda o'qituvchining o'rni beqiyosdir.

Birinchi prezidentimiz o'zining qator nutqlari va asarlarida ta'lim-tarbiya masalalariga to'xtalganda, o'qituvchini e'tibordan chetda qoldirmaydi.

Hurmatli birinchi prezidentimiz I.A.Karimov Oliy Majlis IX sessiyasida so'zlagan "Barkamol avlod O'zbekiston taraqqiyotining poydevori" mavzuidagi nutqida, jamiyatimizda ta'lim berish tizimi, yangilanish jarayoni talablari bilan yaqindan bog'lanmaganligi sabablaridan biri o'qituvchiga borib taqalishini aytib o'tadi: "Tarbiyachilarning o'ziga zamonaviy ta'lim berish ularning ma'lumotini, malakasini oshirish

kabi paysalga solib bo'lmaydigan dolzarb masalaga duch kelmoqdamiz".[1]
Shunindek, Sh.M.Mirziyoyev ta'kidlaganlaridek, "Olimlar va pedagoglar bola tarbiyasi qancha erta boshlansa, shuncha yaxshi, deb hisoblaydilar. Shuning uchun farzandlarimiz kamoloti yo'lida biz mablag' va imkoniyatlarimizni ayamasligimiz kerak"[2]
Bizning fikrimizcha, ta'lim-tarbiya tizimini o'zgartirishdagi asosiy muammo ham mana shu erda. O'qituvchi bolalarimizga zamonaviy bilim bersin, deb talab qilamiz, ammo zamonaviy bilim berish uchun, avvalo, murabbiyning o'zi ana shunday bilimga ega bo'lishi kerak.
Bundan ko'rinadiki, o'qituvchi avvalo zamonaviy bilim bilan qurollangan bo'lishi lozim.
O'quvchilarga pedagogdan tashqari atrof-muhit, ota-ona, boshqa fan o'qituvchilari, ommaviy axborot vositalari, ijtimoiy hayot ham, ba'zan sezilmaydigan, ba'zan esa har tomonlama bir necha yo'nalishda ta'sir etadi. Shuning uchun ham pedagog mehnati bir vaqtning o'zida jamiki ta'sirlarga va o'quvchining o'zida paydo bo'lgan

---

[1] Karimov I. A. Barkamol avlod – O'zbekiston taraqqiyotining poydevori // O'zbekiston Respublikasi Oliy Majlisi IX sessiyasida so'zlagan nutqi. –Toshkent: Sharq, 1997. – 319 b.

[2] Ш.М.Мирзиёев "Буюк келажагимизни мард ва олижаноб халқимиз билан бирга қурамиз" Тошкент: "Ўзбекситон" 2017.- 263 б.

fikrlarga tuzatishlar kiritib borishni nazarda to'tadi. Masalan, diniy ekstremizm va boshqa oqimlarga kirib ketgan yoshlarning adashganligini tushuntirish, ommaviy axborot vositalari orqali berilayotgan axborotlarni to'g'ri anglashga undash va h. k. Tarbiya jarayoni o'z-o'zini tarbiyalash bilan uyg'unlashgan holda olib borilishi zarur. Bu muammolarni hal qilish jarayonida doimiy ravishda o'qituvchilar tajriba almashinishlari va tajribali o'qituvchilar dars jarayonlarida kuzatib, doimiy ravishda darslarni tahlil qilib borishi maqsadga muvofiqdir.

I-BOB. O'QITUVCHINING DARSGA TAYYORGALIGI VA DARS TAHLILINING METODIK MASALALARI

1.1. O'qituvchi mehnatini tashkil etishning o'ziga xos xususiyatlari

Kimki shogirdligidan chin dildan shod,
Bir kun o'zi ham bo'lg'usi ustod.
Ilm ila etish mumkin birodar,
Zarradan toptib to quyoshga qadar.

Nosir Xisrav

Respublikamiz hukumati xalq ta'limi sohasida o'rtaga qo'yayotgan vazifalarni bajarish ko'p jihatdan o'qituvchiga bog'liq. Hozirgi sharoitda ta'lim tarbiyadan ko'zda tutilayottan maqsadlarga etishish, o'quvchilarning xilma-xil faoliyatlarini uyushtirish, ularni bilimli, e'tiqodli, mehnatsevar, barkamol inson qilib o'stirish o'quvchi zimmasiga yuklatilgan xalqimizning kelajagi, mustaqil o'zbekistonning istiqdoli ko'p jihatdan o'qituvchiga, uning saviyasiga, tayyorgarligi, fidoyiligiga, yosh avlodni o'qitish va tarbiyalash ishiga bo'lgan munosabatiga bog'liq. Hozirda uzluksiz pedagogik ta'lim g'oyasi amalga oshirilmoqda. Shu munosabat bilan o'qituvchilar

malakasini oshirish va ularni qayta tayyorlash ishi davlat va jamoatchilik diqqat markaziga qo'yildi.
Maktab hayoti amaliy pedagogik jarayon esa juda xilma-xildir. Pedagogik nazariyaga mos kelmaydigan vaziyatlar uchrab turadi. Bu esa o'qituvchidan keng bilimdonlikni, puxta amaliy tayyorgarlik, yuksak pedagogik mahorat va ijodkorlikni talab etadi. Shuning uchun ham mustaqil O'zbekiston davlatining umumiy ta'lim maktabida ishlaydigan o'qituvchi pedagogik faoliyatga qobiliyatli ijodkor, ishbilarmon;

milliy madaniyat va umuminsoniy, dunyoviy bilimlarni mukammal egallagan diniy ilmlardan ham xabardor, ma'naviy barkamol;

O'zbekistonning mustaqil davlat sifatida taraqqiy etishiga ishonadigan vatanparvarlik burchini to'g'ri anglagan e'tiqodli fuqaro;

ixtisosga doir bilimlarni, psixologik pedagogik bilim va mahoratli shuningdek, nazariy ishlarni mukammal egallagan bo'lishi kerak.

Biror kasbning haqiqiy ustasi bo'lish uchun kishida tabiiy qobiliyat, ma'lum jismoniy va ruhiy hislatlar jo bo'lishi kerak. Pedagogik o'qituvchilik faoliyatini yoshlarni o'qitish va tarbiyalash ishini samarali bajarish, ota-onalar va bolalarni izzat-hypmatiga sazovor bo'lishi uchun ham kishida qobiliyag, mahorat, qiziqish bo'lmog'i lozim [7].

Muvaffaqiyatli ishlash uchun har bir o'qituvchi pedagogik mahoratga ega bo'lishi zarur. Pedagogik mahorat egasi oz mehnat sarf qilib katta natijaga erishadi. Ijodkorlik uning hamisha hamkori bo'ladi. Pedagogik ishga qobiliyatli, iste'dodli kishidagina pedagogik mahorat bo'lishi mumkin.

Yuksak mahoratli o'qituvchi bo'lish uchun eng avvalo qobiliyatli, malakali va uddaburon bo'lishi kerak. Qobiliyat faoliyat jarayonida paydo bo'ladi va uddaburonlikdan farq qiladi. Malaka va uddaburonlik mashq, o'qish natijasi hisoblansa, qobiliyatning rivojlanishi uchun esa iste'dod layoqat va zehn, ya'ni inson nerv tizimida anatomo fiziologik xususiyat ham bo'lishi zarur. Mahoratli o'qituvchi o'quvchilarni fanlarni savodli o'zlashtirishlari uchun zamin tayyorlab, ularni dam olishdan ishga o'tishlari, bo'shashish, lanjlik, layoqatlariga barham berish uchun vaqt ajratish zarurligini hicobga oladi. U tegishli vaziyat yuzaga kelgunga qadar ish boshlamaydi. Masalan darsning haddan tashqari zuriqish bilan va kuchli boshlanishi o'quvchilarga munozara qiluvchi tormozlanish deb atalmish holatta sabab bo'ladi. Miya faoliyati tumanlashadi va o'qituvchining so'zlari etarli darajada idrok qilinmaydi.

Tarbiya jarayonida pedagogik ta'sir ko'rsatish mahorati o'quvchiga u yoki bu yuksak axloqiy fazilatlarning mohiyatini anglatish jarayonida qo'llaniladigan o'qituvchining ish usullaridan biridir. Pedagogik ta'sir ko'rsatishning eng samarali usullaridan ertaklar, dostonlar, she'rlar, maqollar aytishdir. Masalan: "Ota o'zining 10 yashar o'g'li bilan daladan qaytayotib, yo'l ustida tushib yotgan bir taqani ko'radi va unga deydi: - Taqani ol - eski taqa uchun egilib o'tiramanmi - deb gap qaytaradi o'g'li. Otasi indamasdan o'zi egilib taqani oladida, yo'lida davom etadi. Kun issiq edi. Bola chanqay boshladi. Bir oz yo'l yurgandan keyin olcha sotib o'tirgan baqqol ko'rinadi. Otasi boyagi taqani olchaga almashtirib belbog'iga tugib oladi. o'g'liga ko'z-ko'z qilib bir dona olchani og'ziga tashladi-da, bir donasini yerga tashladi. o'g'li darrov egilib olchani oladi va chanqoqini bostirmoqchi bo'lib og'ziga soladi. Otasi olchani ketma-ket tashlaydi. o'g'li 10-15 marta egilib olchalarni terib olib egandan so'ng nihoyat otasi to'xtaydi va belbog'ida qolgan olchalarni o'g'liga uzata turib deydi: "Ko'rdingmi o'g'lim, sen taqani ko'tarib olish uchun bir marta egilishga eringan eding, olchalarni terib olish uchun 10-15 marta egilding, agar engil mehnat og'ir deb hisoblasang, undan battar og'iriga duch kelasan!"

Bu ertakning pedagogik ta'sirini salbiy va ijobiy ko'rinishlarini bolalarga izohlashda o'qituvchi quyidagi savollar orqali tarbiyaviy mahoratini oshiradi:

• Otaning talabi to'g'rimi yoki yo'qmi? Sababini ochib bering.

• Otaning bolaga mehnatdan bosh tortmasligi uchun tutgan ishi to'g'rimi?

- Bolaga dastlab o'z harakati bilan o'rnak bo'lib, so'ng xatosini tushuntiradi. Bu borada sizning fikr- mulohazalaringiz qanday?

Tarbiya jarayonida tarbiyaviy ta'sir ko'rsatishning quyidagi usullaridan foydalaniladi: bolaga qo'yilgan talab, pedagogik ta'sir ko'rsatish, o'quv tarbiya jarayonida o'qituvchi o'z maqsadiga erishish uchun doimo o'quvchilarga o'z talablari bilan yondoshadi. Ularni rag'batlantiradi, ogohlantiadi, tanbeh beradi.

O'qituvchining pedagogik asosda qo'yilgan talablarni tushuntirish nojuya harakatlardan bolalarni saqlash, ayniqsa kichik yoshdagi maktab o'quvchilarini maktab va jamoada moslashguncha ketma-ket talablar qo'yiladi. Yuqoridagi talablarning qanchalik ta'sir etishi tarbiyachining pedagogik mahorati va obro'yiga bog'liqdir. Talablarning qo'yilish shakllari:

- Tarbiyachi tomonidan talabni to'ppa-to'g'ri qo'yilishi. Bunday talab bolalar jamoasi bilan ishlashning dastlabki bosqichidir. Ulug' pedagog A.S.Makarenko "samimiy, oshkora, ishonarli, qizg'in va qat'iy talab bo'lmasa jamoani tarbiyalashni boshlab bo'lmaydi" degan edi. Bunday talablar jamoani bir maqsad yo'liga boshlash uchun;
- talabni ijobiy va bolani hatti-harakatlariga to'sqinlik qilmasligi;
- talab aniq va tushunarli bo'lishi;
- qo'yilgan talab va vazifalarni natijasini

bilish;
- talab ochiq chehra, samimiy, bir ohangda berilishi, iltimos maslahat yaxshi niyatga chorlash;
- talab bolalarning yoshi, bilim saviyaiga mos bo'lishi;
- talablarda kesatish, luqma, minnat qilish bo'lmasligi va boshqalar.

Kishilik jamoasi paydo bo'lgan davrdan boshlab inson hech qachon og'iz yashay olmagan. Jamoani tashkil qilishi va uning tarbiyaviy ta'sirini nazariy va amaliy asoslari, mutafakkir va olimlar tomonidan o'rganib, almiy tadqiqot ishlari olib borilgan. Tarbiyachining navbatdagi vazifasi bolalar jamoasini tashkil qilish, tarbiyalash va jipslashtirish borasidagi nazariy bilimlarni o'zlashtirib, ilg'or tajribalarga suyanib o'quvchilarni tarbiyaviy jarayonda o'rtoqlik, do'stlik, o'zaro hamkorlik, hamjihatlik, o'z-o'zini tarbiyalash mahoratini o'zlashtirishdan iborat. Ular: sinf boshlang'ich jamoasini tarbiyalash va ularda o'zaro munosabat aloqalarini yaratish;

o'quvchilar kundalik faoliyatlarini hamma qirralari jamoada jipslashtirish;

shaxsiy manfaatdan jamoa manfaatini yuqori qo'yishga o'rgatish;

jamoada bir-biriga mehr oqibatli, muruvvat va saxiylik, do'stona hamkorlik mavjud bo'lsa, u katta tarbiyaviy kuchga aylandi.

Kichik yoshdagi maktab o'quvchilar jamoalari

tashkil qilishda o'qituvchidan turli tuman vositalardan mahorat bilan foydalanish talab qilinadi.

o'qituvchi jamoa a'zolarini yangi sharoitga moslashuv darsida ularga ishonch, hurmat, xushmuomalalik talablarini to'g'ri qo'ya bilish bilan birga o'qituvchini tushunish va eshita bilish mahoratiga ega bo'lish kerak.

o'quvchilar jamoasida etakchi tayanch o'zagini tanlash.

Jamoa a'zalarining har birining kuchiga, qobiliyatiga qarab topshiriqlar berish.

Jamoada yangi an'ana, qonun qoidalarni dastlabki kurtagini yaratish va unga amal qilish.

Jamoa istiqbolini davr talabi bilan moslashgan holda belgilash talab qilinadi.

Kishikim bo'lsa donishmand oqil
Bular ilm va hunarla ko'ngli moyil.

Furqat

Har bir o'qituvchi pedagogik faoliyat yuritar ekan, berayotgan ta'lim-tarbiyasini yanada samarali chiqishi uchun u o'z ustida muttasil ishlashi, bilimini, mahoratini o'stirishi kerak. o'qituvchilar bilan bo'ladigan munosabatlarni puxta o'ylab ularning ko'nliga ozor etkazmasdan muomala madaniyatini bilgan holda ish olib bormog'i lozim. Har bir o'qituvchining dunyoqarashi uning muomalasidan namoyon bo'ladi. Muomalaning asosiy vositasi tildir. Xalqimizdan shunday naql bor: "Bola shirin so'zning gadosi". Bas shunday ekan, tarbiyachi o'z muomilasida juda ehtiyotkor bo'lishi kerak. A.Navoiy muomala qiluvchi shaxsning mahorati haqida shunday deydi: "Shirin so'z ko'ngillar uchun bamisli asaldir" [6,8].

Yana bu haqda Husayin Voiz Koshifiy shunday deydi: "Nasihatli shirin so'zu muloyimlik birla ibtido qilgay, chunki bu zamonda yumshoqlik va xushro'ylik ko'rgazmayin nasihat korga kelmas".

Davlat ta'lim standartlarining muhim darajasi bo'lgan eksperimental tayanch o'quv rejasi va dasturlar har tomonlama puxta o'rganilishi zarur. Ushbu dastur va rejani yaratishda mamlakatimizdagi fan texnika ijtimoiy iqtisodiy sohalardagi rivojlanishlar hisobga olingan. Undan avvalo o'quvchilarni psixologik fiziologik xususiyatlariga muhim o'rin berilgan.

Oliy va o'rta maxsus ta'lim vazirliklari umumta'lim maktablari oliy va o'rta maxsus o'quv yurtlarida ta'lim-tarbiya mazmunini qaytadan mukammal ishlab chiqishlari lozim.

-ta'lim-tarbiya shaklari usuli vositalarini jahon andozasi talablariga mos holda rivojlantirish;
-ta'lim madaniy-ma'rifiy muassasalarini yangi texnika va texnologiya asosida zamonaviy jihozlash;
-o'qituvchi murabbiy ijodkorligini ta'minlash kasb mahoratlarini oshirishning samarali yo'llarini topish;

-oila, mahalla, maktabda ta'lim-tarbiya mazmunini mukammal ishlab-chiqish amaliyotiga keng tadbiq etish.

Shunday qilib o'qituvchining mehnatini ilmiy tashkil etish, davlatning bu haqdagi g'amxo'rligi, barkamol avlodni tarbiyalashdek muqaddas vazifasini yorug' yuz bilan ado etish uchun kuchli turtki bo'ladi.

Kishikim hayotdan olmasa ta'lim
Unga o'rgata olmas hech bir muallim.

A.A. Rudakiy

Har qanday mehnatning muvaffaqiyati va samarasi uni tashkil etishga, bu mehnatni uyushtirishga ta'sir etadigan shart-sharoitlarga, faoliyati amalga oshirish yo'llariga bog'liq. Demak, o'qituvchi mehnatini samarasi ham o'qituvchi o'z ishini qanday tashkil etishnga hamda bunga ta'sir etadigai shart-sharoitlarni qandayligka bog'liq. Har qanday mehnatni bajaruvchi shaxs o'qituvchi ham o'z iishni tashkil etishga o'ziga ma'qul bo'ladigan, o'zi yaxshi egallagan mahorat bilan bajara oladigan uslublarni tanlaydi. Biz ilmiy texnika taraqqiyoti davrida yashamokdamiz. Demak, o'z ishimizni tashkil etishimizda ham fan texnika yutuqlariga asosan kerak bo'ladi. Bu degani o'qituvchi ham, o'z mehnat faoliyatiii ilmiy asosda tashkil etishi demakdir [18,19].

O'qituvchi mehnatini ilmiy tashkil etish deganda pedagogik jarayonni boshqarish uchun pedagogika va psixologiya fanining eng so'nggi yutuqlaridan foydalangan holda o'z ishini ijodiy tashkil etib yaigiliklar yaratishga tushuniladi. O'qituvchi mehnati uning vaqti bilan bog'liq bu ishning muvaffaqiyati vaqtdan unumli foydalanish o'zining imkoniyatlarini to'la hisobga olish, o'quv va tarbiya jarayonida o'zini namoyish etishga va o'zining kimligini, qanday ekanini, nimalarga qodir ekanini tasdiqlash bilan bog'liq.

O'qituvchi mehnatini tashkil etish birinchi navbatda o'zinng ijodiy imkoniyatlariga ishonish demakdir. O'qituvchi ta'lim jarayoni to'la tasavvur etishi kerak, uning mexanizmini, qonuniyatlarini, bolani bilish imkoniyatlarni yaxshi bilishlari kerak.

Mehnat shaxsning bir maqsadg'a yo'naltirilgan ijtimoiy-foydali faoliyati bo'lib, u aqliy, jismoniy kuch, zo'r g'ayratni talab etadi.

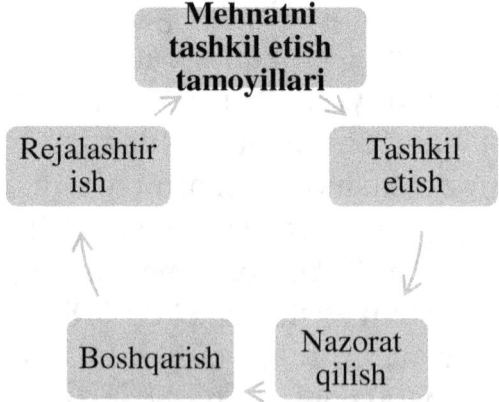

1.1-rasm. Mehnatni tashkil etish tamoyillari

O'qituvchi mehnati-ijodiy kasblar turiga kiradi. Chunki u shu mehnati orqali har tomonlama etuk bo'lgan komil iisonni tarbiyalaydi.

```
                ┌─────────────────────────┐
                │  Pedagogning mehnat     │
                │  predmeti, mehnat       │
                │  maqsadi                │
                └─────────────────────────┘
                     ▲            ▲
                     │            │
┌──────────────────────┐    ┌──────────────────────┐
│ Pedagogik mehnat     │    │ Pedagogik mehnat     │
│ predmeti-o'quvchi    │◄══►│ maqsadi - har        │
│ shaxsidir.           │    │ tomonlama etuk       │
│                      │    │ bo'lgan komil        │
│                      │    │ insonni tarbiyalashdir. │
└──────────────────────┘    └──────────────────────┘
```

1.2-rasm. Pedagogning mehnat predmeti, mehnat maqsadi.

Pedagogik mehnatning natijasi o'quvchilarni mustaqil ishlay olishi, darslarda o'z fikrini bildira olishi, isbotlay olishi, taxlil qila olishi. Shu hislatlarni o'z o'quvchilarida hosil qilishi uning mahoratini belgilab beradi.

Pedagogik mehnatning mohiyati va o'ziga o'qitish va tarbiyalash.

O'ziga xosligi shundaki:
A) Ikki tomonlama ta'sir etishi;
B) faqat bir o'quvchi bilangina emas, balki butun sinf jamoasi bilan ishlay olishi;
V) o'quvchi va o'kituvchining birga faoliyati.

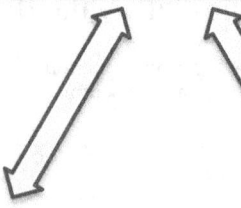

1.3-rasm. Mehnat qiliishga tog'ri tashkil etish belgilari.

Qonuniyat va tamoyillarniig bajarilipish o'qituvchi mehnatning yo'nalishiga bog'liq:
1. Ish tajribasiga bog'liq.   2.   O'rganish va tushuntirish tajribasi.
3. Ishlash uchun sharoitning yaratilishi va ish joyining jihozi.
4. O'qituvchida qay darajada bor bo'lgan ijobiy fazilatning mavjudligi;

1-yo'nalish. O'qituvchi kasbiga oidlari:
a) o'qishiga, kasbiga oid chuqur bilimlarni egallash;
b) davlat tomonidan qabul qilingan hujjatlar qonunlarini bilish;
v) pedagogika, psixologiya va xususiy metodikani o'rganish;

g) bolalar jamoasi va shaxsi haqidagi bilimlarni o'rganish;
d) ilg'or tajribani o'rganish va o'z ishida tadbiq etish;
e) o'z ustida ishlash va o'z-o'zini tarbiyalash.

2-yo'nalish. O'z mahorat elementlarini hosil ilish;
a) o'z ishiga kerakli bo'lgan va pedagogik mahoratini oshirishdagi ko'nikma va malakalarni egallash;
b) o'z kuchi va qobiliyatini to'g'ri ishlata olishi;
v) o'z vaqtida kerakli va to'g'ri qaror qabul qilishi.

3-yo'nalish.
a) ishning sharoiti va pedagogik jamoadagi ma'naviy holat;
b) jamoadagi psixologik holat (xarakteri); g) insonparvarlik;
v) ijodiy yondashuv; (topqirlik) d) rag'batlantirish;
e) gigiena qoidalariga rioya qilish; k) kunni to'g'ri tashkil etish.

4- yo'nalish. O'qituvchini o'z mehnatini ilmiy asosda tashkil etish uchun unda ma'lum darajada peagogik fazilatlar bo'lishi kerak:
a) kim bilan ishlayotganini aniq bilishi uchun ular haqidagi to'liq ma'lumotga ega bo'lish;
b) o'z xohishi va maqsadini aniq bilish;
v) o'z oldiga vazifa qo'ya olish;
g) kerakli mazmun, shakl, metodlarni tanlay olish;

d) har ishnnng holatini taxlil qila olish;
e) metodnk qo'llanmalarni o'rganish va ularni to'play olish;
j) vaqtnn to'g'ri taqsimlash.
Pedagogak mehnatni tashkil etishda o'kituvchining kun tartibi muhim rol o'ynaydi. O'qituvchi o'zi uchun eng optimal yuqori unum beradigan kun tartibini topa olishi kerak. Pedagogik mehnatni tashkil etishda talablarni I. II. Radchenko, R. Rasulova tomonidan ishlab chiqilgan. Ularning tavsiyasiga ko'ra pedagogik mehnatni ilmiy tashkil etish eng muhim talablarni bu asosiy rejalashtirishi, faoliyatni uyushtirish unda qatnashayotganlar kuchini yagona maqsadga bo'ysundirish, rag'batlantirish, operativ nazoratni hisobga olish. Shuni rejalashtirishdagi asosiy masala uyushtiradigai barcha faoliyat turlarini uida qatnashayotgai kollektiv va a'zolarni umumin pedagogik maqsadga bo'ysundirilgan ko'zda tutadi, bunda yaqin, o'rta, uzoq maqsadlarni inobatga olish ko'zda tutiladi.[11]
Shunday qilib o'qituvchining kun tartibini uning faoliyati va hayotini tartibga soluvchi asbobidir, desak xato bo'lmaydi. U yo'q joyda mehnat unumi ham past bo'ladi, salomatligi yo'qolib boradi. Natijada o'qituvchi sarf qilgan kuchini qayta tiklay olmaydi, ish qobiliyati yo'qoladi, oqibatda sifati pasayadi. Demak, ilmny asoslaigan kun tartibi o'qituvchilarniig o'z mehnatini ilmiy tashkil etishi vazifasini hal atishga

qo'yilgan qadam bo'ladi. Pedagogik mehnatini ilmiy tashknl etilishi shartlaridan yana biri ish o'rnini tartibga solish va mehnat sharoitiin tashkil etishdir. O'qituvchining ish joyi ish jarayoning bir qismi bo'lib, mehnat unuminiig yuqori bo'lishiga ta'sir etadi. Uqituvchining ish joyi, xususiyati, pedagogik mehnatning mazmuni va xususiyati bilan belgilanadi.

Mehnat sharoiti tushunchasi kompleks tushuncha. Mehnatni tashkil etish tajribasiga mehpat sharoiti deganda odamning mehnat qilayotgan joyi, aniq vaziyat, ko'zda tutiladi. Yana unga psixofiziologik, ijtimony, psixologik va estetik omillar ham qo'shiladi.

Pedagogik mehnatning samarasi, maqsadi va faoliyat vazifasiga ko'ra bilishda va anqilay olshpdadir. Shundagina shuni ilmiy tashkil etish mumkin bo'ladi. Bu o'qituvchi mehnatini tashkil etishning 1-tamoyilidir. 2-chi tamoyili faoliyat uslubini belgilash, 3-tamoyili faoliyat uslubini belgilash. Pedagogik mehnatni tashkil etishda texnikadan vosita sifatida samarali foydalanish tushuniladi. Bu tamoyil ko'nikma va malakalarni shakllantirishga xizmat qiladigan pedagogik texnika va texnik vositalar yig'indisi ko'zda tutiladi. 4-tamoyili ta'lim-tarbiyani ishini rejalashtirish hioblanadi. Reja ta'lim-tarbiya faoliyatini tartibga solish, uning model yaratish, tayanch sxemalarnn topish masalalaridan tashkil topadi. Shular aniqlansa, o'qishda rivojlanish, tarbiyalash jarayoni engillashadi [10].

Ishni rejalashtirmasdan turib shaxsni va jamoani ijtimoiy jihatdan samarali rivojlantirib bo'lmaydi, bu esa jamiyatga ham ijtimoiy, ham iqtisodiy zarar keltiradi. Pedagogik mehnatni nazorat qilish va hisobga olish prinstipi o'qituvchi ishni muntazam va planli kuzatib borish shundan yutuq va kamchiliklarii aniqlash, muhimlarini ajratib olish ko'zda tutiladi. Hisobga olishning eng maqbul yo'li statistik hisobga olishdir. Pedagogik nazorat esa obyektivlik, omilkorlik, samaradorlik, muntazamlilik va oshkoralikni talab qiladi.

Demak, O'qituvchi mehnatini nazorat qilish va hisobga olishning muntazamliligi, izchilliligi quyidagilardan tashkil topadi:

A) o'quv materiallari va tarbiyaviy tadbirlarga tayyorlanishni o'zi tomonidan nazorat qilinishi;

B) Darsdan tashqari vaqtlarda ta'lim-tarbiyani nazorat qilish va o'zini kuzatish;

V) O'qituvchining darsdan tashqari vaqtini nazorat qilish;

G) ota-onalar va jamoatchilik bilan bajariladigan ishlarii nazorat qilish;

D) o'z ustida ishlashni nazorat qilish.

1.2. O'qituvchining darsni tayyorlashdagi mahorat

O'qituvchilarning usullarini qo'llash to'g'risida ko'p gapirish mumkin. Shuni aytish keraki o'qituvchi o'rganilmoqchi bo'lgan mavzuning dastirini ishlab chiqadi va darsning didaktik masalalarini va didaktik maqsadni aniqlaydi. Mohir pedagoglar oldindan darsda echish bo'lgan aniq pedagogik masalalarni o'ylaydi. Har bir dars oldida maqsad shundan iboratki birinchisi: tarbiyaviy, ma'lumotli va rivojlantirish maqsadlarini qo'yadi. Tarbiyaviy masalalar shundan iboratki, ular dunyoqarash shakllanadi, iqtisodiy-siyosiy voqealar bilan tanishtiriladi, ularda vatanparvarlik baynalminalchilik g'oyalar shakllantirilishi kerak. Ilmiy bilimlarni qurollantiradi. Aniqlovchi vazifa shundan iboratki, unda o'quvchilar sxema konspekti, o'rganilgan planni aniq o'ziga kerakli bo'lgan narsani ajrata oladi. Darsning avtori esa o'qituvchi hisoblanadi. Darsni qanday o'tishni oldindan belgilaydi. O'ylagan narsalari quyidagi elementlardan tashkil topadi.

> Davlat dasturi tomonidan belgilangan mavzuni tayyorlaydi.

> Uni hozirgi zamon bilan bog'lash.

> Oldingi materialdan kelib chiqib yangisini bog'laydi.

1.4-rasm. Dars o'tishdan oldingi rejalashtirilgan elementlar.

Darsda o'qituvchi bilan o'quvchining o'zaro munosabat jarayoni shaxsiy aloqaga asoslangan. O'qituvchi darsda istesnosiz barcha o'quvchilarning faoliyatlarini yo'llaydi va nazorat qiladi, shuningdek o'quvchilarning o'zlari orasidagi o'zaro aloqa va o'zaro nazoratni qo'llab quvvatlaydi. O'qituvchining darsdagi ishi barcha O'quvchilarning darsning o'zidayoq o'rganilayotgan bilim asoslarini hosil qilishlari uchun zamin yaratadi. Eng yaxshi o'qituvchilarning tajribalarini umumlashtirish va pedagogika fanining yutuqlari darsga qo'yiladigan didaktik talablarni belgilash imkonini beradi [19].

1. Darsning asosiy didaktik vazifalari va asosiy elementlarining aniqligi va muqarrarligi.
2. Ta'limiy va tarbiyaviy vazifalarning birligi.
3. O'qitishning butun dars va uni har bir qismi vazifalari hamda mazmuniga muvofiq keladigan, o'quvchilarning bilish aktivligi va mustaqil faoliyatlarini ta'minlaydigan eng rastional metodlarni tanlash. Darsda xilma-xil o'qitish metodlardan foydalanish o'quvchilarga har tomonlama ta'sir ko'rsatish ularda darsga qiziqishni oshirish, ularning aktivligi va mustaqilligini rag'batlantirish imkonini beradi.
4. Mashg'ulotlarning turli shakllari: umum sinf, jamoaviy va individual faoliyatning faolligini o'qituvchining rahbarlik roli bilan birga qo'shib

olib borish.
5. O'quvchilar bilish faoliyatining faolligini o'qituvchining rahbarlik roli bilan qo'shib olib borish.
6. Darsning oldingi va keyingi darslar bilan bog'lanishi.
7. O'quvchilarning yosh xususiyatini hisobga olish.
8. Darsda o'quvchilarni o'qitish va tarbiyalash uchun qulay sharoitlar yaratish.

Darsning mazmuni, tizimi va o'qitish metodlarining tanlanishi ko'p jihatdan o'quvchilarning yosh xususiyatlari bilan belgilanadi. O'quvchilar qancha yosh bo'lsa, ular shunchalik kam hajmdagi materiallarni o'zlashtirishlari mumkin bo'lib, darsning tuzilishi va yangi metodlarining tanlanishi shunchalik xilma-xil bo'ladi. Kichik yoshdagi o'quvchilarning diqqati etarlicha barqaror emas, idroki etarlicha maqsadga yo'llangan emas, tafakkurlari ma'lum darajada aniq ko'rinishlari barqaror emas. Shuning uchun o'qituvchilarni xilma-xil faoliyat turlariga jalb etish, ko'rgazmalikdan keng foydalanish, o'yin elementlarini kiritish, yangi materialni o'rganish va o'tilganlarni mustahkamlash uchun optimal me'yorni aniqlash, bo'larning barchasi mazmunini va tuzilishiga o'z ta'sirini ko'rsatadi. Katta yoshli o'quvchilar bilan olib beriladigan darslargina ancha bir tipli, ular lekstiya, kontrol

so'rash, laboratoriya ishlari ko'rinishida bo'lishi mumkin [15,16].
Mazkur talab darsda faqat gigienik talablarning yaratilishini emas, balki ta'lim-tarbiya jarayonini o'tkazish uchun qulay psixologik muhitning yaratilishini ham nazarda tutadi. Bu ko'p jihatdan sinf jamoaning xususiyatlariga bog'liq bo'ladi. Sinf ayrim o'quvchilarning o'z kuchlariga ishonchlarini oshirish yoki pasaytirishi mumkin. Agar sinf u yoki bu o'quvchining fikrlariga, harakatlariga doimo tanqidli yondoshsa o'qituvchi esa uncha e'tiborsiz qarasa, bu o'quvchi oqibatda o'z nuqsonlariga qat'iy ishonch hosil qiladi va darsda doimo passiv bo'ladi. Shu bilan birga sinf ayrim o'quvchilarni ish sifatini oshirishga undab, ularning faoliyatiga ijobiy ta'sir ko'rsatish mumkin. Ammo sinf jamoasiga ayrim o'quvchilarga nisbatan noto'g'ri yunalish qaror topgan bo'lsa o'quv jarayonini o'qituvchi etarlicha puxta o'ylamay tashkil etsa, sinf tomondan ta'sir bo'lmaydi. O'qituvchining vazifalaridan biri guruhiy jarayonini boshqarish hamda darsda ta'lim-tarbiyaning samaradorligini oshirishga yordam beradigan qulay muhitni yaratishdir. Barcha didaktik talablar to'liq darajada yaxshi natijalar beradi.
Didaktik vazifa va tizimga ko'ra darslar quyidagi tiplarga bo'linadi;
1. Aralash darslar;
2. Yangi manbalarni o'rganish darslari;

3. Bilim, ko'nikma, malakalarni mustahkamlash darslari;
4. Mashqlar va amaliy ishlar darsi;
5. Umumlashtiruvchi takrorlash darslari;
6. Laboratariya darslari;
7. O'quvchilar bilimini nazorat kontrol qilish, tekshirish va baholash darslari.

Dars tipi umumiy o'quv vazifalari va tizim bilan xarakterlanadi. Darsning tipi va tizimini aniqlashda, odatda quyidagi etakchi vazifalarga asoslaniladi; yangi materialni o'rganish; bilimlari mustahkamlash; O'rganilganlarni umumlashtirish va sistemalashtirish; bilish vazifalari va amaliy vazifalarni hal qilishda bilim, ko'nikma va malakalarni tekshirish; bilimlarni mustahkamlash bilan birlashtirilgan yangi materialni o'rganish. Maxsus pedagogik tadqiqotlar, o'qituvchilar ijodli tajribalari darslar tuzilishdagi qat'iy steriotik o'qitishning ancha oshgan vazifalariga javob bermasligini o'qituvchining tashabbusini bug'ishini ko'rsatdi. Zamonaviy darsga qo'yilayotgan yuksak talablar o'qituvchi har bir darsga puxta tayyorlanishining sababi o'quvchilar tarkibining o'zgarayotganligi, ish sharoitlarining ham o'zgarayotganligi, ish sharoitlarining ham o'zi yangi adabiyotning paydo bo'layotganligi, ish rejasi o'quv dasturlariga tuzatishlar kiritilayotganligi, hayot o'qitishning shakl va metodlarini takomillashtirishni talab qiladigan yangi vazifalar qo'yilayotganligidadir. Ammo o'qituvchining har bir alohida dars tayyorlaishi uning o'quv ishiga tayyorlanish sistemasining bir qismi xolos. Bu tizim:

1.5-rasm. O'qituvchining o'z predmeti bo'yicha butun kurs yuzasidan tayyorlanishi.

Butun kurs yuzasidan tayyorgarlik yangi ilmiy ishlar yangi metodik materiallar bilan tanishishni, dastur darsliklarni o'rganishni, yarim yil yoki chorakka rejalashtiruvchi hujjatlar tuzishni nazarda tutadi. Har bir mavzuga tayyorlanish o'qituvchini yana dasturiga, mavzu yuzasidan qo'shimcha materiallarga, har bir mavzuning asosiy masalalarini aniqlashga, o'qitish metodlarini tanlashga va kerakli metodik vositalarni ko'rgazmali qurollar, jihozlar, pribor, inventar va hokazolarni tayyorlashga majbur etadi. Bu masalalarning barchasi mavzu bo'yicha darsliklar tizimini o'z ichiga oluvchi ish rejasida aks ettiriladi [13,22].

Bunday perspektiv rejalashtrish didaktik

maqsadlar izchilligini aniqlash, mazmundagi etakchi g'oyalarni faoliyatining asosiy turlarini ajratish predmetlararo aloqalarni ajralib olish darsning asosiy jihozni o'ylab chiqish, natijalarini bashorat qilish imkonini beradi. Har bir alohida darsga tayyorlanishga o'qituvchi quyidagi ishlarni amalga oshiradi; temani aniqlaydi va dars vazifalarini aniqlashtiradi; o'quv materialini mazmunini ajratadi va uni didaktik jihatdan ishlab chiqadi. Etakchi g'oya, tushuncha, qonuniyat, fakt, amaliy ma'lumotlarni ajratadi; ilgari o'rganilgan bilan bog'lanishni, mazmunni joylashtirish mantiqan nazarda tutadi; o'quvchilarning o'quv bilimi faoliyatlari xarakterini aniqlaydi ya'ni qanday ko'nikma va malakalar shakllanishi reproduktiv va izlanish faoliyatini mustaqil ish va o'qituvchining roli o'rtasidagi nisbat qanday bo'lishni o'ylab qo'yadi. Shu shakllarni ishlab chiqadi, dars qismlarini ajratadi; o'qitish metodlari: masala, mashq muammoli savollar, topshiriq rejalashtirish elementlarini tanlaydi va aniqlaydi. O'qitishning texnik vositalarini tanlaydi va tekshiradi; butun dars jarayonini planlashtiradi. Ish rejasida, odatda sana va dars nomeri, uning temasi, vazifalari mazmunining asosiy masalalari, o'qituvchi va o'quvchining faoliyat turlari, o'qitish metodlari va vositalari so'raladigan o'quvchining familiyasi individual topshiriqlar, uyga vazifa ko'rsatiladi. Ammo dars planlarining strukturasi va hajmi o'qituvchining malakasi hamda tajribasidan kelib chiqib tuzilishi kerak. Masalan, o'qituvchilikni yangi boshlanayotganligi darsning vazifalari, har bir qismining mazmuni ko'rsatilgan mufassal planga ega bo'lish foydalidir. O'qituvchining tajribasi ortib borishga qarab plan qisqarib borishi ham mumkin. Yaxshi tayyorlangan darsni yana uyushgan holda aniq va samarali o'tkaza bilish ham kerak. Bunda quyidagi qonunlarga amal qilishi lozim;

1) Darsni aniq va uyushgan holda boshlash buning uchun esa darsga hamma narsa oldindan tayyorlangan bo'lishi kerak.

2) O'qvchilar e'tiborini dars mazmuniga qarata bilish va uni butun dars davomida o'quvchilarning bilish faoliyatlarini faollashtirib saqlay bilish, darsga qiziqishni qo'llab-quvvatlash, o'quvchilar oldida vazifalar qo'yish, ularni doimo javob berishga tayyor holda saqlash, darsdagi ishlarni xilma-xillash hammani ko'rib, hamma narsani so'rab turish.

3) Darsda vaqtdan oqilona foydalanish: o'quv jihozlarini oldindan tayyorlash, ularni to'g'ri joylashtirish, topshiriqlarning erishish, o'quvchilar e'tiborini chalg'ituvchi momentlarga yo'l qo'ymaslik.

4) O'z xatti-harakatini kuzatish. g'oyaviy e'tiqod, yuksak ahloqiylik va madaniyat, gapirish va talab qilish rag'batlantirish, o'quvchilarga murojaat qilish uslubi – bularning barchasi o'qituvchi

faoliyatining uslubini belgilaydi, hamda o'quvchilarning zo'r berib ishlashi yoki o'ta emostional qo'zg'aluvchanligini istesno qiladi.

5) Darsda tadbirkorlik namoyish qilish yuzaga kelgan sharoitini yoki darsni o'tkazish sharoitlaridagi o'zgarishlarni hisobga olish kerak. Hozirgi dars uni rastionallashtirish, ko'pchilik o'quvchilarni aktiv ishlardpn istesno qiluvchi faoliyat turlari ajratiladigan vaqtni qisqartirish, bilimlarni kontrol qilish va mustahkamlash funkstiyalarini birlashtirish mustaqil ish, ijodiy xarakterdagi topishlar, hajmini oshirish, muammoli izlanish metodlaridan, o'qitishning texnik vositalari va rejalashtirgan elementlaridan oqilona foydalanish yo'lidan takomillashib bormoqda. Dars o'quv ishini tashkil qilishning asosiy shakli, amaliy ishlar, laboratoriya mashg'ulotlari, seminarlar, uy vazifalari, qo'shimcha mashg'ulotlar, mehnat va ishlab chiqarish ta'limi shakllaridan foydalanishni hamda ularni rivojlantirishni istisno qilmaydi. O'qitish shakllarini xilma-xillash zarurligi haqida "Umumiy ta'lim va maktabini isloh qilishninig asosiy yunalishlari"da ham aytib o'tiladi [9].

"O'qitish shakl, metod va vositalarni takomillashtirilsin. Dars - o'quv jarayoning asosiy shakli bilan bir qatorda barcha yuqori sinflar, hunar texnika bilim yurtlari va o'rta - maxsus o'quv yurtlarida lekstiya seminar mashg'ulotlari, maslahatlardan keng foydalanish lozim"

1. 3. Geografiya o'qituvchisining ijodiy ishlashi

Yoshlarga ta'lim va tarbiya berishning murakkab vazifalarini hal etish o'qituvchiga, uning g'oyaviy e'tiqodiga, kasb mahoratiga, iste'dodiga va madaniyatiga hal qiluvchi darajada bog'liqdir. O'qituvchi - o'quvchi madaniy dunyosi me'moridir, jamiyatning ishonchli kishisidir, jamiyat o'qituvchilariga eng aziz, eng qimmatli - bo'lmish, bolalarini o'z umidini va kelajagini ishonib topshiradi, bu g'oyat oliyjanob va qiyin kasb, o'z umidini shu kasbga bag'ishlangan kishidan doimo ijodkorlikni tinimsiz fikrlashni, qalb sahovatini, bolalarga mehr - muhabbatini va ishga astoydil sadoqatini talab qiladi.

Ijodiy ishlaydigan o'qituvchining darslari xilma - xil bo'ladi. O'qituvchi bir darsda yangi materialni tushuntirishdan oldin 5 - 6 minut davomida o'quvchilarni doskaga chiqarmay so'rab chiqadi, mavzuni gapirib beradi: geografik obyektlarni xaritadan ko'rsatadi, doskaga chizmalar chizadi, o'qituvchining doskaga yozgan, chizganlarini o'quvchilar daftarlariga yozib oladilar. O'quvchilarga berilgan savollarga atlas va darslikdan foydalanib javob topish buyuriladi. Boshqa darsda esa o'qituvchi diafilm ko'rsatadi, o'qituvchi diafilmning har bir kadriga unda berilganiga nisbatan kengroq va to'laroq izoh beradi. O'qituvchi esa o'quvchiga kerak bo'lgan, darslikda berilmagan narsalar haqida gapirib beradi. Agar o'qituvchi o'z bilimini to'ldirib borishni to'xtatib qo'ysa, uning darslarida intizom yomonlashadi, darslari qiziqarsiz bo'lib qoladi, o'qituvchining obro'si o'z hamkasblari va o'quvchilar oldida keta boshlaydi.

Ko'pgina o'qituvchilar har bir darsni faqat mazmunli qilib emas, uni qiziqarli qilib o'tishga intiladilar. Fanimizning o'ziga xos xususiyati ham shundadir. Maktab va o'rta maxsus o'quv yurtlarini ancha oldin bitirib ketgan o'quvchilardan, maktab va o'rta maxsus o'quv yurtlari geografiya kursida nimalar esingizda qolgan deb so'rab ko'rsangiz, ular sayyohlar haqida, tabiat sirlari, turli mamlakat va xalqlar to'g'risida maroq bilan gapirib eslashadi. Siz suhbatdoshingizning xaritani, mamlakatlar, mamlakatimiz va butun dunyoning tabiati va xo'jaligi haqida yaxshi bilishini his etasiz. Suhbat oxirida esa "Geografiya qiziqarli fan"degan gapni eshitasiz. Shunday ekan, bu fanni, ilmiy darajasiga ziyon etkazmay, qiziqarli qilib o'tish kerak [15,16].

Shu o'rinda akademik V. A. Obrustev, A. E. Fersmanlar yozgan "Qiziqarli geologiya", "Qiziqarli mineralogiya", "Qiziqarli geoximiya", O. Mo'minovning "Turfa olam", P. Musaev va R. Qurbonniyozovlarning "Qiziqarli geografiya" kabi kitoblarida fanning juda murakkab masalalari qiziqarli qilib bayon etilgan. Agar yoshlarimiz "Kim bo'lsam ekan?" degan savolga shu kitoblardan javob topgan desak xato qilmagan bo'lamiz.

Darsda qo'yiladigan talablardan biri uni qiziqarli bo'lishdir desak xato qilmaymiz. O'quvchilar geografiyani yaxshi bilishlari uchun, sayr va sayohatlar, sinfdan tashqari ishlar ham qiziqarli tashkil etilishi lozim. O'qituvchining vazifasi faqat ta'lim - tarbiya beribgina qolmay, u o'quvchilarga Vatanga muhabbat, samimiylik, halollik, orastalik, dovyuraklik tuyg'ularini ham tarbiyalaydi. Shu bilan birga geografiyada tarbiya hamma vaqt hamma joyda darsda, yurishda, sayrda, majlisda ham beriladi.

Har bir o'qituvchining o'z ish tarzi, o'z pedagogik uslubi, bo'ladi. Pedagogik uslub asta - sekin oliy maktab va o'rta maxsus o'quv yurtlarida, maktabda, o'qish davrida pedagogik amaliyotda, hamkasblarining darslariga kirganda shakllanadi. O'qituvchini yillar davomida tarkib topgan shu uslubini o'zgartirishga majbur etish juda qiyin [12].

Shunday o'qituvchilar borki, domiy izlanishda nimalarnidir yaratishga harakat qiladi.

1.6-rasm. O'qituvchining relyefli globusni tayyorlash jarayoni.

Rasm chizishni yaxshi biladigan o'qituvchilar ham bor. Ular darsda tushuntirish bilan birga har doim sinf doskasiga rangli bo'rlar bilan rasm, chizma, sxema, diagrammalarni chizib boradilar. Javob berayotgan o'quvchilar ham shunday qiladi, ya'ni aytayotgan fikrini doskada chizib ko'rsatib mustahkamlaydi. Badiiy so'z ustasi bo'lgan o'qituvchilar ham bor.

1.7-rasm. Relyefli globusni tayyor holati

Yoki darsini ta'limning texnika vositalari yangi pedagogik texnolgiyalardan foydalanib o'tayotgan o'qituvchilarning darslarida bo'lamiz. Masalan, o'quvchi, o'qituvchi hikoyasini eshitish bilan birga film ham namoyish qilib boriladi. Shuningdek dars jarayonida geografiya o'qituvchisi turli xildagi modellardan foydalanishga to'g'ri keladi. Geografiya fani eng ko'p ko'rgazmalilikni talab qiladigan fandir. Bu yerda kartalardan foydalanishni alohida ta'kidlab o'tish maqsadga muvofiqdir. O`quvchilar geografik kartalarni o`rganishda obyekt va hodisalarning xususiyatlarini sxematik chizmada, rasmlarda va boshqa belgilarda aks ettirishlari ham samarali natijalar beradi. O`quvchilar ayniqsa tabiiy hodisalarni asosiy belgi va xususiyatlarini doskaga chizib ko`rsatilgan sxema va rasmlar vositasida puxta egallab oladilar.

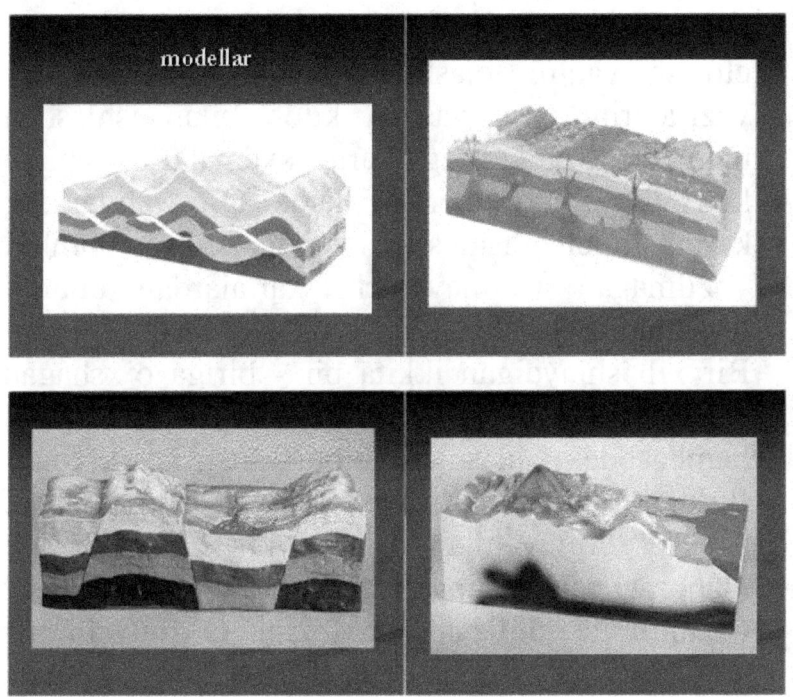

1.8-rasm. Modellar.

Keyingi yillarda metodik adabiyotlarda geografiya darslarida rasm va boshqa chizmalardan foydalanish bo`yicha ko`pgina maqolalar elon qilindi. Gorst, graben, o`zilma, platshakl, vulqon, yer osti suvlari, sharshara, ostona, delta, kabi yuzlab obyektlarni faqat rasm va sxemalar yordamida aks ettirish ularning o`zlashtirilishini osonlashtiradi. Yangi materialni o'tish jarayonida doskaga karta sxemalarini chizib borish o`quvchilar faolligini oshiradi. Karta sxemalarning eng afzallik tomoni shundaki, unda o`rgatilayotgan obyektning eng asosiy bilimlari aks etadi. Karta sxemalarni nomsiz kartada aks ettirish vaqtni tejash imkoniyatini beradi. Uy vazifalarini tayyorlashda kitob bilan ishlashda ham o`quvchilarning karta sxemalarini chizib kelishiga e'tibor berish kerak. O`quvchilarning karta bilan ishlashga o`rgatishda nomlari yozilmagan va navbatchi kartalardan unumli foydalanish kerak.

Bir xil ishlaydigan ikkita bir - biriga o'xshagan o'qituvchini topish qiyin. O'qituvchini hamkasbdek ishlashga majbur qilish kerak emas. Ilg'or o'qituvchilar tajribasini targ'ib qilish, yaxshi o'qituvchilar darsiga kirish, pedagogik mahorat ustalarining ishlari bilan tanishib o'z uslubini takomillashtirish lozim. O'qituvchining mehnati ijodiy mehnat. Har qanday ijodiy ishlarda bo'lgani kabi pedagog ishida ham hamma vaqt muvaffaqiyat bo'lavermaydi. Ba'zida o'qituvchilar yaxshi tayyorgarlik ko'rilgan dars bir sinfda muvaffaqiyatli o'tilib boshqasida barbod bo'lgani ham uchrab turadi. Bunda o'qituvchi nimanidir hisobga olmagan, qiyomiga etkazmagan. O'quvchilarga bilish, kashf etish, quvonchni bag'ishlash uchun darsni takomillashtirish yo'llarini zo'r berib qidirish kerak.

Shuningdek o'qituvchi bugungi kunda ilg'or innovastion pedagogik texnologiyalardan xabardor bo'lishi kerak, innovastion texnologiyalardan geografik mavzularda o'z o'rnida foydalana bilishi maqsadga muvofiqdir [16]. Biz har bir o'qituvchining o'z ta'lim berish uslubi borligini nazarda tutib, o'qituvchiga dars o'tish, darsdan tashqari ishlar olib borish yuzasidan o'z tavsiyalarimizni beramiz. O'qituvchilar albatta ijodiy ishini boyitishda tanlab olib foydalanadilar.

1.4. Darsni tahlil qilishning ahamiyati

Bugungi kunda yosh avlodni zamona ruhi va jahon ishlab chiqarishi ihtiyojlariga to'laligicha javob bera oladigan darajada tarbiyalash "Ta'lim to'risida"gi qonun va "Kadrlar tayyorlash milliy dasturi"ning asosiy talabi hisoblanadi. Belgilangan bu ulug'vor vazifalar ta'lim va tarbiya tizimidagi barcha bo'g'inlarning o'zaro hamkorligi asosida izchil amalga oshiriladi.

Ta'lim tizimidagi boshqa bo'g'inlarda bo'lgani kabi o'rta maktab o'quvchilariga ta'lim tarbiya berish jarayonining asosiy shakli darsdir. O'quv mashg'ulotlardan tashqari o'tkaziladigan barcha ta'limiy tarbiyaviy tadbirlar o'quvchilarning dars jarayonida olgan bilimlarni to'ldirishga xizmat qiladi shu bois, ta'lim muassasalarida darslarning sifat samaradorligini oshirish, o'quv jarayonida yangi texnologiyalarni qo'llay bilish nihoyatda muhimdir.

O'quv mashg'ulotlarni yuksak darajada tashkil etish va o'tkazish uchun o'qituvchi o'z ixtisosligini chuqur bilish kifoya emas. Buning uchun o'qituvchidan yuqori darajadagi mahorat ham talab qilinadi. O'qituvchi dars o'qitish, o'zaro darsga kirish, kasbdoshlarining darslarini kuzatishi va ularni tahlil qilish jarayonida pedagogik mahoratga ega bo'lib boradi. Shuning uchun dars tahlili masalalari rahbarlarning diqqat markazida bo'lishi lozim.

O'qituvchi - mutaxassis dars tahliliga kirishidan oldin darsning tuzilishi, turlari, uning tahliliga qo'yiladigan talablari va uning maqsad vazifalarini bilish kerak.

Dars - o'quv jarayonining eng muhim bo'g'ini bo'lib, ta'lim - tarbiya masalalarining hal qilinishning amaliy va qulay shakli hisoblanadi. Ta'lim jarayonida uning maqsadi, mazmuni, usullari, tamoyillari va tashkiliy shakllari birgalikda namoyon bo'ladi.

O'tkazilayotgan ijtimoiy tadqiqotlar natijalari shuni ko'rsatmoqdaki, bugungi o'quvchilarning aksariyati o'qishga qiziqishi ancha pasaygan. Buning sabablaridan biri dars mobaynida o'qituvchi bilan o'quvchi o'rtasida muloqotning kamligidir. Shuningdek, umumiy o'rta ta'lim maktabida, o'rta-maxsus kasb-hunar ta'limi muassasalarida hamkorlik pedagogikasi, xalq tabiatshunosligi va pedagogik ruhshunoslar xizmati to'g'ri yo'lga qo'yilmagan. Umuman olganda, o'qituvchi o'zining kuchli va zaif tomonlarini har doim anglashi kerak. Ayrim o'qituvchilar o'zining zaif tomonlarini, ayniqsa, o'z sohalari bo'yicha yetarlicha bilimga ega emasliklarini yopish uchun o'quvchiga ortiqcha talablar qo'yadilar. O'quvchilar o'qituvchining bo'sh tomonini tez anglaydilar. Shuning uchun u hadiksirab emas, balki o'qituvchi hurmatini joyiga qo'yib munosabatga kirishishi mumkin. Bunday muhitni va o'quvchilarning ruhiy kayfiyatini o'qituvchi ba'zan sezmaydi. O'quvchilar o'qituvchini har doim kuztib boradilar. Ular undan iliq so'z, mehr-muhabbat va muruvvat kutiladi [18].

Hozir pedagogika fani oldida ta'limning tarbiyaviy ahamiyatini ochib berish muammosi turibdi. Shunday sharoitda, ba'zan o'qituvchining tashqi qiyofasi ham tarbiyaviy ahamiyat kasb etadi. Lekin bularning ichida eng muhimi va o'quvchi uchun eng ahamiyatlisi-o'qituvchining bilimdonligi, yangilik va dunyoviy bilimlarga chanqoqligi, uning so'zi bilan ishining muvofiq kelishi, o'quvchilarning izlanishga, bilimlarni mustaqil egallashga, har bir fanning mohiyatini tushunishga, ishga ijodiy yondashishga undashi va erkin fikrlashi hamda mustaqil ishlash uchun sharoit yaratishi, pedagogik texnologiya va interfaol uslublarni to'g'ri tanlab ishlata olishi bilan belgilanadi.

Pedagogik faoliyatda amalga oshirilgan ko'p yillik ish tajribalari va kuzatishlar, o'qituvchi hamisha o'z ustida ishlashi, bilim, ko'nikma va malakalarni takomillashtirib borishi kerakligini ko'rsatmoqda. O'qituvchi pedagogik mahoratining kundan-kunga o'sib borishi, o'quv jarayonida yangi pedagogik va axborot texnologiyalarini qo'llay olishini kuchayishi uning pedagogik faoliyatida amalga oshadi. O'qituvchi faoliyatining qanchalik samarali ekanligini, odatda, uning mahoratini kuzatish, o'tayotgan darslarini tahlil qilish orqali bilish mumkin. Bunday ishlarni ko'pincha vazirlikning mas'ul xodimi ta'lim muassasasi rahbari yoki metodistlar, o'qituvchi va uslubiy birlashma boshliqlari amalga oshiradilar. Rahbar xodimlar o'zlari uchun dars tahliliga kim sifatida (rahbar yoki pedagog) kirayotganligini aniqlab olishlari kerak.

Dars tahlili bu tekshiruvchi, o'quv muassasasi rahbari, metodistning ijodiyligi, novatorligi bo'lib, u faqat o'qituvchi mehnati natijasini baholabgina qolmay, uni tarbiyalaydi, o'qituvchini bilimi va mahoratini kengaytiradi, yangi ish shakli va metodlarni egallashga ko'maklashadi.

1.9-rasm. Dars tahlili

Shu sabab, o'qituvchi darsiga kirish va tahlil

qilishni maqsad qilib qo'ygan shaxs, avvalambor, dars tahliliga kirguncha, dars tahliliga kirish va uni kuzatish vaqtidagi hamda dars tugagandan keying harakatlarini aniq belgilab olishi kerak [19].

Har bir fani o'qitish o'ziga xos xususiyatlarga ega. Ammo darsning hamma fanlar uchun umumiy bo'lgan tomonlari ham mavjud. Bu darslarning tuzilishida alohida ko'rinadi. Darsning tuzilishi turlicha bo'lishi mumkin va uning doimo faqat bir an'anaviy andoza bilan o'tkazish mutlaqo shart emas. Uning tuzilish materiallarning mazmuniga o'quvchilarning bilim saviyasiga va o'qituvchining pedagogik mahoratiga bog'liq.

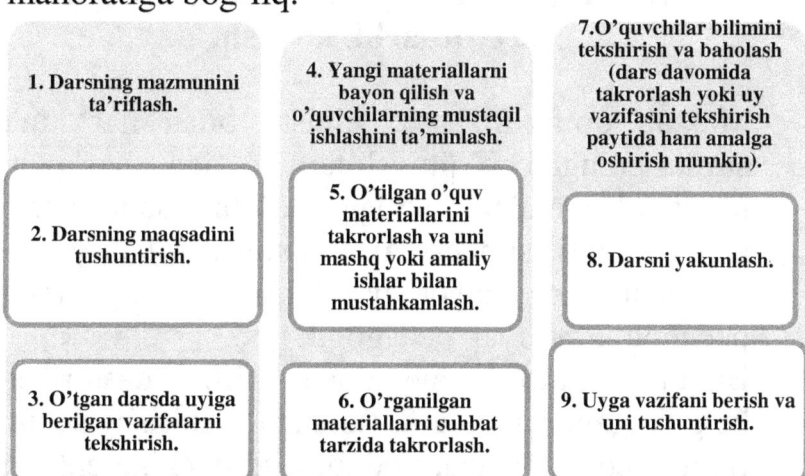

1.10-rasm.Ta'lim nazariyasida darsning tuzilishidagi asosiy bosqichlar.

Darsning bu bosqichlari har bir darsda doimo shu tartibda takrorlanmaydi. Chunki ijodiy ishlaydigan o'qituvchi bularni o'z tajribasi bilan to'ldirishi, boyitishi va darsning maqsadi hamda vazifalariga ko'ra o'zgartirishi mumkin.

II-BOB. GEOGRAFIYA O'QITUVCHISINING DARSGA TAYYORGALIGI VA DARSNI TAHLIL QILISH USULLARI

2.1. Geografiya o'qituvchisining darsga tayyorgarlik ko'rishi

Maktab qo'ng'irog'i chalinishi bilan har kuni sinflar minglab o'qituvchilarni o'ziga chorlaydi. Mana ular maktab yo'lagi bo'ylab dadil yurib kelisha-yapti, sinf eshigi sim-sim ochiladi-yu va ... ulkan sirli hayot boshlanadi. Uning nomi pedagogik faoliyat, pedagogik ijod.

Bugun "Kadrlar tayyorlash milliy dasturi"da belgilangan vazifalarni amalga oshirish uchun ijodiy pedagogikaga, ijodkor o'qituvchiga ehtiyoj nihoyatda ortib bormoqda. Ajoyib maktab qurilishi mumkin, o'quv xonalari zamonaviy jihozlar bilan bezatilishi mumkin, yangi o'quv darsliklari nashr qilinishi mumkin lekin bularnig hammasi hali etarli emas. Maktabga haqiqiy pedagog, o'qituvchi shaxs kirib kelgandagina ular jonlanadi, ijodiy pedagogikaning mash'alasi uchqullanadi, pedagogik nazariya va tizimlar, ko'rgazmali qo'llanmalar harakatga keladi. Bugun ta'lim muassasalariga ijodkor o'qituvchilar kerak. Prezidentimiz "zamonaviy bilim berish uchun, avvalo, murabbiylarning o'zi ana shunday bilimga ega bo'lishi kerak" deganda fidokor pedagoglarni nazarda tuggan edi.

Ijodiy pedagogik faoliyat bu inson shaxsini, uning dunyoqarashini, ishonchini, ongini, xulqini shakllantirishga bo'ysindirilgan cheksiz masalalarni echish jarayonidir. Psixologik-pedag'ogik adabiyotlarda pedagogik faoliyat turlari (ta'lim beruvchi, tarbiyalovchi, rivojlantiruvchi, safarbarlik, tadqiqotchilik, tashkilotchilik, kommunikativ va boshqa) qator olimlar tomoiidan tadqiq qilingan. Shu bilan birgalikda pedagogik faoliyat muntazam o'zgaruvchan, yangilanuvchan, rivojlanuvchanligi bilan ajralib turadi, unga ijtimoiy buyurtma uzluksiz ta'sir ko'rsatadi.

O'quv-tarbiyaviy jarayonni ilg'or pedagogik texnologiyalar bilan ta'minlash vazifasi ham bevosita o'qituvchidan ijodkor faoliyatni, qolaversa, ishlab chiqarishga tegishli bo'lgan soha bilimlarini talab etadi. Modamiki, texnologiya mavjud ekan, uni ta'lim-. tarbiyaga singdirish shart ekan, bu jarayon qaerda kechishi mumkin, degan savol tug'ilishi tabiiy. Javob aniq: u, shaksiz, pedagogik korxonada pedagogik ishlab chiqarish jarayonida ro'y beradi. Taniqli pedagoglardan biri ta'kmdlaganidek, "bizning pedagogik ishlab chiqarish hech qachon texnologik mantiq bo'yicha qurilmagan, aksincha qar doim axloqiy va'z (nasihat) mantiqi bo'yicha qurilgan. Shu sababdan ta'limda ishlab chiqarishning barcha muhim bo'limlari shunchalik ishtiroksiz qolyapti". emas, balki «o'qituvchi-texnolog» nuqgai nazaridan baholanishi kerak.

Amal o'qituvchining sinfda mavzu bo'yicha o'quv elementlarini tushuntirish borasidagi bajargan ishlar yig'indisi bo'lib, o'qitish jarayoniniig shu bosqichida tugallangan qismini tashkil etadi. Agar o'quv predmetining har bir mavzusi alohida bosqich hisoblansa, shu mavzu bo'yicha o'quv elementlarining har biri aloqida amal sifatida qaralishi mumkin. Amal ta'lim maqsadini rejalashtirishda va amalga oshirishda e'tiborga olinadigan asosiy element hisoblanadi. Bu amallar bir qator usullardan iborat bo'lib, ularning har biri harakatlarga bo'linadi. Boshqacha qilib aytganda, biror bir o'quv elementini tushuntirish uchun o'qituvchi samarali ta'lim vositalari, metodlaridan foydalanish davomida u yoki bu algoritmik harakatni maqsadiga mos holda aniq bajaradi.

O'qituvchining belgilangan ta'lim (tarbiya)

vazifalarini me'yoriy hujjatlarda ko'rsatilgan talablar asosida yo'l qo'yiladigan chegaraviy ko'rsatkichlar doirasida bajarish holati ishlash qobiliyati deb atalishi mumkin. Binobarin, u yoki bu fan o'qituvchisiiing mahoratini aniqlashda uning faoliyati davlat ta'lim standartlari talablariga va pedagogik shartlarga nechog'lik mos kelishi nazarda tutiladi.

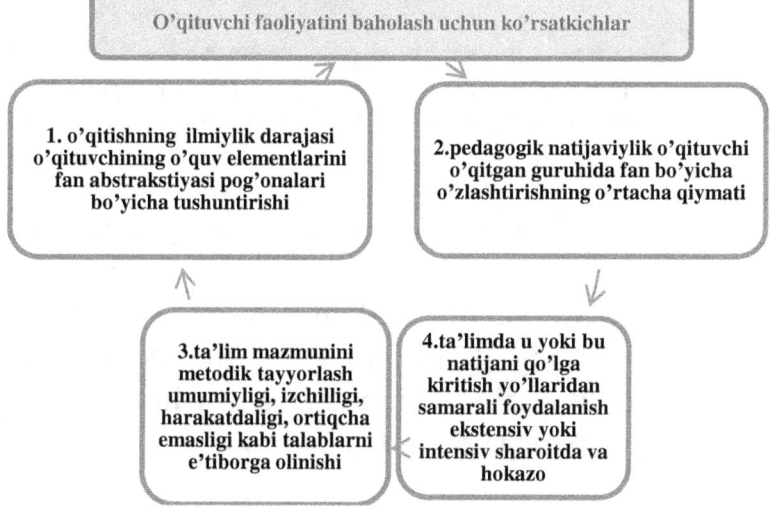

2.1-rasm. O'qituvchi faoliyatini baholash uchun ko'rsatkichlar

Aslida ijodkor o'qituvchi uchun asosiy kasbiy-me'yoriy ko'rsatkich bu birinchi navbatda o'z holatini pedagogik jarayon-da bunyodkor sifatida his etiish va anglab etishidir. O'qituvchi o'zining pedagogik faoliyatga xususiy kasbiy yaroqliligini, pedagogik voqelikdagi o'z o'rnini baholay olmas ekan, undan hech qachon ijodkorlikni talab qilib bo'lmaydi [8].

```
        ┌─────────────────────────┐
        │  O`qituvchining darsga  │
        │      tayyorgarligi      │
        └─────────────────────────┘
           ↙                    ↘
┌──────────────────┐      ┌──────────────────┐
│ O`z fani yuzasidan│      │  Har bir darsga  │
│ umumiy tayyorgarligi│   │ kundalik tayyorgarligi│
└──────────────────┘      └──────────────────┘
```

2.2-rasm. O`qituvchining darsga tayyorgarligi.

Biz mavzumizni tadqiq qilish jarayonida o'qituvcyining darsga tayyorgarligi uchun zarur bo'lgan hujjatlar, hamda dars ishlanmasining tarkibiy qismlari bilan tanishtiramiz

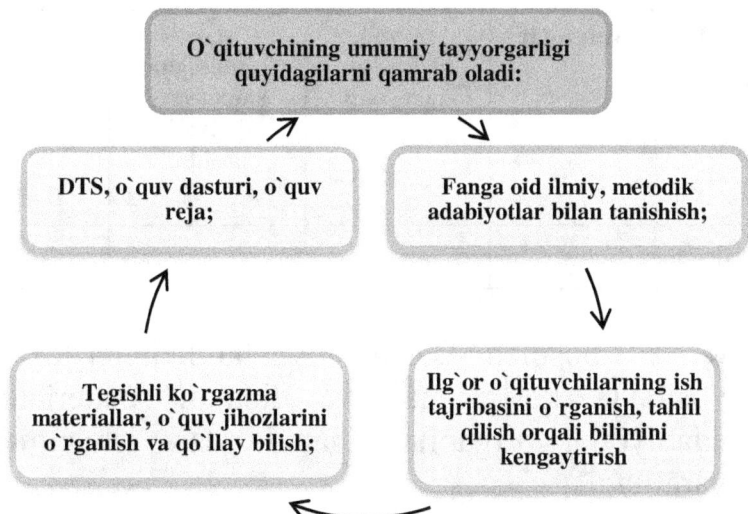

2.3-rasm. O'qituvchining darsga umumiy tayyorgarligi.

Darsga kundalik tayyorgarlik:
- 1- bosqich: Taqvim- mavzu rejadagi yangi mavzu va unga ajratilgan vaqt (soat) aniqlashtirib olinadi.
- 2- bosqich: DTS va o'quv dasturidan o'tilayotgan mavzuda qanday tushunchalar (BKM) shakllahtiriladi, shu asosda maqsadlari belgilab olinadi.

O'qituvchining taqvim- mavzu rejasining namunaviy shakli

2.1-jadval

TT.r	Mavzular	Mavzuga ajratilgan dars soati	Dars o`tiladigan sana (dars jadvali aosida)	Izoh
1				

■ 3-bosqich: Darsda foydalaniladigan texnik vositalar, ko`rgazmali va didaktik materiallar adabiyotlar o`rganiladi hamda dars ishlanmasi yaratiladi.
Dars ishlanmasining tarkibiy qismlari quyidagilardan iborat:
Sana, sinf (parallel sinflar uchun bitta mavzuga bitta dars ishlanmasi kifoya, 5-a, b –sinflar uchun), fan nomi yoziladi.
Darsning mavzusi (taqvim- mavzu reja asosida)
Dars maqsadi: a) Ta`limiy maqsad-dars jarayonida o`quvchilarda shakllantiriladigan BKM lar asosida belgilanadi;
b) Tarbiyaviy maqsad - dars jarayonida o`quvchilarda axloqiy sifatlar shakllantirilishi asosida belgilanadi;
c) Rivojlantiruvchi maqsad- dars natijasida o`quvchilarda qaysi bilimlar va axloqiy fazilatlar rivojlantirilishi asosida belgilanadi.
Dars turi: (yangi tushuncha, bilimlarni shakllantiruvchi; o`quvchilarni BKM larini rivojlantiruvchi; umumlashtiruvchi; o`quvchilar egallagan BKM larini tahlil, nazorat qiluvchi

darslar).
Darsda foydalaniladigan turli hil metodlar (an`anaviy, zamonaviy, interfaol)
Darsda foydalaniladigan jihozlar (texnik vositalar, ko`rgazmali va didaktik materiallar)

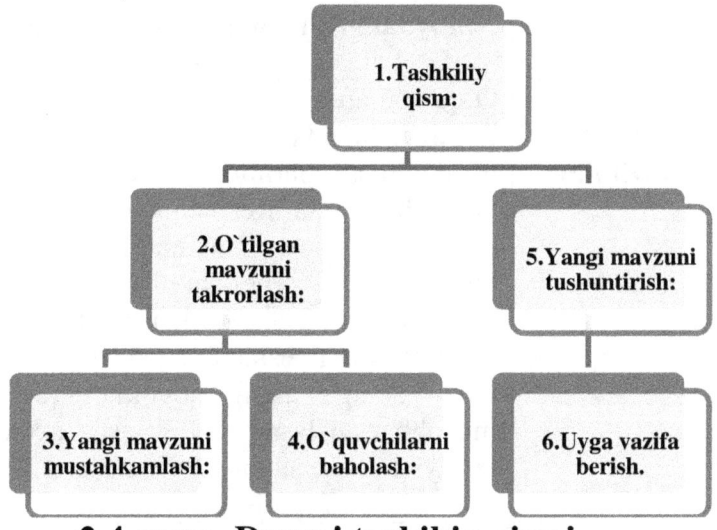

2.4-rasm. Darsni tarkibiy qismi.

Direktorning o`quv tariyaviy ishlar bo`yicha o`rinbosari o`qituvchining dars ishlanmasini tasdiqlash jarayonida quyidagi minimum hujjatlar bo`lishini nazorat qiladi:
- Taqvim- mavzu reja
- O`quv dasturi
- darslik

Biz tadqiqotimngiz jarayonida tajribali o'qituvchilarning ishlarini o'ragandik. Shu asosda o'zimiz tomonimizdan bitta dars ishlanmasi yaratdik. Dars ishlanmamiz asosida o'qituvchining darsga tayyorgarlik ko'rishda rang-baranglikka e'tibor qaratishini taklif qildik

Mavzuning texnologik xaritasi va o'tkazilish ishlanmasi

2.1-jadval

Mavzu:	O`zbekistonning suv boyliklaridan foydalanish va ularni muhofaza qilish.
Maqsad va vazifalar	O`quvchilarda suv boyliklari, ularning turlari haqida tushuncha va tasavvur hosil qilish, ularning muvozanati, uning buzilishi hamda Respublikamiz hududlari ekologiyasi, suv muammolari haqida tushuncha berish. O`quvchilarga ilgaridan tanish bo`lgan atama va tushunchalarni eslatish. Ona–Vatanga uning boyliklariga mehr-muhabbat hislarini tarbiyalash, ekologik tarbiya berish, suvni toza asrash, uni isrof qilmaslikka o`rgatish.
O'quv materiali mazmuni	O'rganilgan mavzilardan asosiy tushunchalarni ajrata bilish, ularni amaliyotda qo'llay bilishga o'rgatish, mustaqil fikrlash doirasini kengaytirish. Ekologik dunyoqarashni rivojlantirish, ekologik fikr yuritishni shakllantirish, ekologik savodxonlikka erishish. O'quvchilarning savol-javob, xarita bilan ishlash (amaliy mashg'ulot) orqali yangi mavzuni qay darajada o'zlashtirilganligi nazorat qilinadi.
O'quv jarayonini	*Shakl:* interfaol mashg'ulot: suhbat-ma'ruza, yakka tartibda, kichik guruh, jamoa bo'lib ishlash.

tashkil etish texnologiyasi	*Metod:* "Aqliy hujum", savol- javob. *Vosita:* Darslik, 7-sinf o'quv atlasi, O`zbekiston tabiiy xaritasi, mavzuga doir rasmlar, Kompyuter, multimedia, slaydlar. *Nazorat:* kuzatish, nazorat savollari. *Baholash:* rag'batlantirish, 5 ballik tizim asosida.
Kutiladigan natijalar	**O'qituvchi:** Mavzu belgilangan vaqt ichida barcha o'quvchilar tomonidan o'zlashtiriladi. O'quvchilarning darsda faolligi oshadi. Ularda fanga nisbatan qiziqish o'yg'onadi. Amaliy mashg'ulotlarni mustaqil bajaradilar, barcha o'quvchilar yakka tartibda baholanadi. boshqalarga yetkazish, savol va javob berishga o'rgatiladi. O'quvchi: Mavzu yuzasidan yangi bilimga ega bo'ladilar. Eslab qolish, ayta olish, ko'rsata olish ko'nikma va malakalarga ega bo'ladilar
Kelgusi rejalar	*O'qituvchi:* Yangi pedagogik texnologilarni o'zlashtiradi va darsda tatbiq etib, takomillashtirishga erishadi. O'z ustida ishlaydi. Mavzuni hayotiy voqyalar bilan bog'laydi va solishtiradi. **O'quvchi:** Mavzu yuzasidan berilgan topshiriq ustida mustaqil isshashni o'rganadi. O'z fikrini ravon bayon eta oladi. Yangi mavzuga oid qo'shimcha materiallar topishga harakat qiladi.

Mashg'ulotning borishi
Darsning tashkil etish shakllari:
a) salomlashish
b) davomat aniqlash.

c) ob-havo so`rash
d) uyga berilgan topshiriqlarni tekshirib chiqish
Dars rejasi:
  Darsning borishi:
1. Tashkil etish. (2 daqiqa)
2. Guruhlash. (2 daqiqa)
3. Uy fazifa bo`yicha ishlash. (5 daqiqa)
4. Yangi mavzu bayoni. (12 daqiqa)
5. Guruhlarga topshiriqlar berish. (10 daqiqa)
6. Individual o`quvchilarga vazifa berish. (3 daqiqa)
7. Guruhlarning o'z, fikrini himoya qilish. (4 daqiqa)
8. Yangi mavzuni mustahkamlash. (3 daqiqa)
9. Yakunlash, umumlashtirish. (2 daqiqa)
10. Baholash, uyga vazifa. (2 daqiqa)
Tashkiliy qismdan so`ng o`quvchilar emblemalar orqali guruhlarga bo`linadilar:
I - guruh. Daryo
II - guruh. Ko`l
III - guruh. Suv omborlari
O`qituvchi:
Bugungi dars mavzusi O`zbekistonning suv boyliklaridan foydalanish va ularni muhofaza qilish ekan, Prezidentimiz I. A. Karimovning quyidagi so`zlari bilan boshlashi lozim.
"Suv hayotning bebaho in'omidir,
Hayot suv bilan bog`liq.
Suv tamom bo`lgan joyda hayot ham tugaydi".
- Qani aytingchi, suv deganda nimani

tushunasiz?
Har bir guruhdan bittadan o`quvchi javob beradi.
I - guruh. Daryo
- Suv suyuqlik , suv –hayot manbayi.
- Suv - obi hayot.
II - guruh. Ko`l
- Olamda eng oddiy toza suvdan ko`ra qimmatliroq, azizroq narsa bo`lmasa kerak.
-Bu murakkab mineral tabiatda turli - gazli, qattiq - muz, suyuq - suv ko`rinishida uchraydi.
III - guruh. Suv omborlari
- Suv shunday ajoyib mo`jizaki, o`zining shaklini o`zgartirsa ham hususiyati o`zgarmaydi.
- Tabiatda biz uchun suvdan ham qimmatli, totli, muqaddas bo`lgan biror narsa yo`q.
O`qituvchi tomonidan guruh o'quvchilarining javoblariga izoh berib o'tiladi:
- Barakalla, juda to`g`ri. Suvni toza saqlab qolish butun insoniyatni jiddiy tashvishga solib turgan muammolardan biridir.
O`qituvchi tomonidan mavzuga doir slaydlar ko`rsatiladi.
(Slaydlar o`qituvchi tomonidan oldimdan tayyorlab qo'yiladi.)
O`qituvchi guruhlarga suvni nimalarda ishlatilishi haqida gapirishlarini aytadi
Guruhlar javoblari:
I - guruh. - Ozuqamiz va kiyim-kechagimiz - suvdan.

II - guruh - Hozirgi kunimiz kelajagimizning farovonligi va sog`lom hayot tarzimiz, atrof-muhit go`zalligi va tozaligi-suvga bog`liq.

III - guruh - Sanoat korxonalari ishni yuritish, baliqchilik xo`jaligini yuksaltirish va boshqa ko`plab hayotiy chora-tadbirlarni suvsiz tasavvur etib bo`lmaydi.

O`qituvchi:
Insoniyat jamiyati taraqqiyotida toza suvga bo`lgan ehtiyoj ortib bormoqda, chunki insoniyat hayotini suvsiz tasavvur qila olmaydi. Sunday ekan har bir guruh o'ziga suvga tegishli bo'lgan muommoli savol tanlab unga javob beradilar.

Har bir guruh taqdimoti tinglanadi.
I - Daryo guruhi.
Biz chuchuk suvni tanladik. O`zbekistonda chuchuk suvlarni ifloslanishi qora va rangli metalurgiya, kimyo va neft-kimyo sanoatlaridan chiqqan og`ir metallar, ftor, fenoldan ifloslanadi.

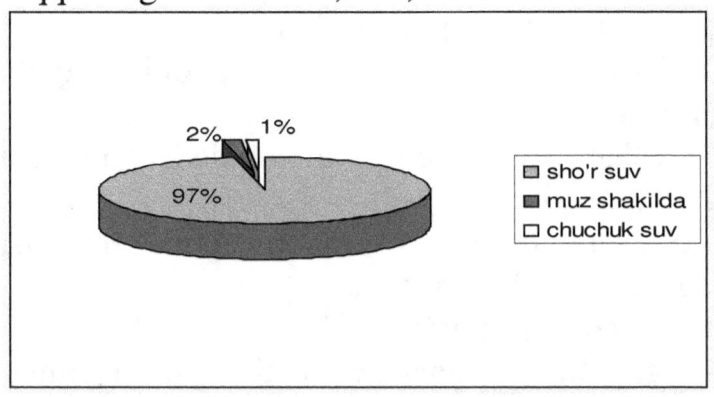

2.5-Rasm. O'zbekistonda suvning tarkibi (%

hisobida)

O'zbekiston daryolaridan Chirchiq, Ohangaron, Zarafshon, Norin daryolari eng ko'p ifloslangan.
II - Ko`l guruhi.

O`zbekiston daryolari

Daryo nomlari	suv sarfi
Amudaryo	2500 m^3/sek
Sirdaryo	1200 m^3/sek
Zarafshon	164 m^3/sek
Qashqadaryo	50 m^3/sek
Surxondaryo	52 m^3/sek
Chirchiq	22 m^3/sek
Ohangaron	23 m^3/sek

2.6-rasm. O'zbekiston daryolari.

Kichik daryo, soylar muammosini tanladik. Sababi inson ta'siri kundan - kunga ortib bormoqda. Daryo o`zan, qayir va terrasalarda qum, qumtosh, shag`allarning qurilish uchun ommaviy olib ketishi sabab bo`lmoqda.
III - Suv omborlari guruhi.
Inson tomonidan yaratgan suv havzalarini tanladik. Suv omborlari, kanallar ham to`g`ri qurilmasa, ko`plab vohalar yerlari zaxlab, inshoatlar shikastlanadi.
Daryo-hayotbaxsh tomir, butun jonzod daryo suviga intiladi. Shuning uchun ham qadimdan daryo bo'ylarida insoniyat, madaniyat o`chog`i vujudga kelgan. Masalan: buyuk ipak yo'li o'tgan

joylarda.

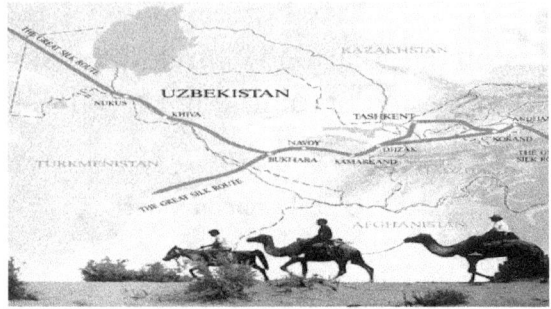

2.7-rasm.O`qituvchining yangi mavzu yuzasidan qo'shimcha ma'lumotlari.
Suvning xalq–xo'jaligining turli tarmoqlarida ishlatilishi va undan foydalanish borasida qilingan ishlar. Masalan: Respublikamizda suvni tejab ishlatish maqsadida qurilgan suv omborlari (xaritadan ko'rsatib) ularning xalq–xo'jaligidagi ahamiyati beqiyosdir.

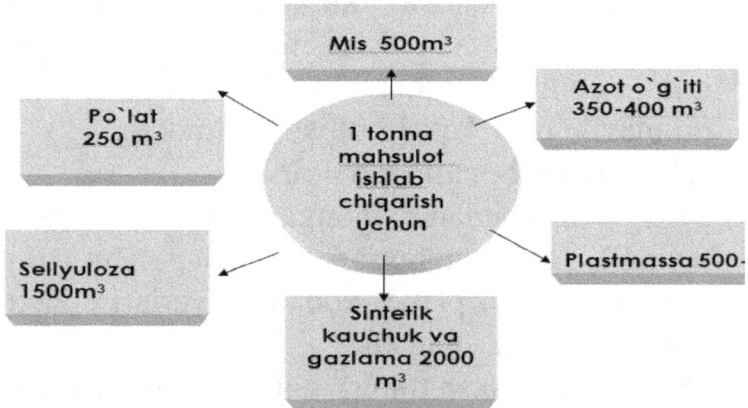

2.8-rasm.1tonna mahsulot ishlab chiqarish uchun sarflanadigan suv miqdori.
Albatta tabiatdagi suvlarni tabiatning o'zi ham

ifloslaydi.
- O`zbekiston suv havzalarini sanoat tarmoqlaridan chiqadigan iflos chiqindilar ifloslaydi.
- Suvda har-xil zaharli moddalar to`planadi, suvning fizik xossalari, tiniqligini, hidi va mazasi va kimyoviy tarkibi o`zgaradi. Zaharli birikmalar paydo bo`ladi.
- Hammamizga ma'lum mamlakatimizda Suvni muhofaza qilish to`g`risida qonunlar qabul qilingan. Jumladan:
- Yer, yer boyliklari, suv, o`simlik va hayvonot dunyosi hamda boshqa tabiiy zahiralar umumiy boylikdir. Ulardan oqilona foydalanish zarur va ular davlat muhofazasidadir.bu konstitutsiyaning 55-moddasida ta'kidlangan.
-O`zbekiston yer usti va yer osti suvlaridan foydalanishda ro`y berayotgan murakkab holatning oldini olish va suv bilan ta'minlash asosida bir qator loyihalar tuzilgan.
-Suv tarmoqlaridagi nosozliklar tufayli suvlar bekorga oqizib yubormaslik.
-Daryo, ko`l, buloq, kanal suvlarini bilib – bilmay xo`jasizlarcha isrof qilmaslik.
-O`zbekiston suv boyliklarini toza saqlash, ularga tashlanadigan suvlarni iloji boricha tozalash.
-Daryo yoqalarida sanitariy zonalar tashkil etish lozim.
- Ekologik ta'lim - tarbiya berishda milliy va umuminsoniy qadriyatlardan foydalanishni

to'g'ri yo'lga qo'yishimiz lozim bunda biz kattalrning suv haqidagi hikmatli so`zlariga doimo rioya qilishimiz darkor [21].
Yani:
- Suvga qarab tuflama, suvga qarab supurma.
- Suv - hayot manbai.
- Quyosh hosilning otasi bo`lsa, suv onasidir.
- Yer xazina - suv oltin.
- Nimani xor qilsang, shunga zor bo`lasan.

Yangi mavzu yuzasidan o`quvchilar olgan bilimlarini tekshirish:
O`qituvchi guruhlarga O`zbekistondagi suv omborlarini sxematik chizmasini tarqatadi. Ular ushbu suv omborlarini nomini aytishlari kerak bo'ladi.

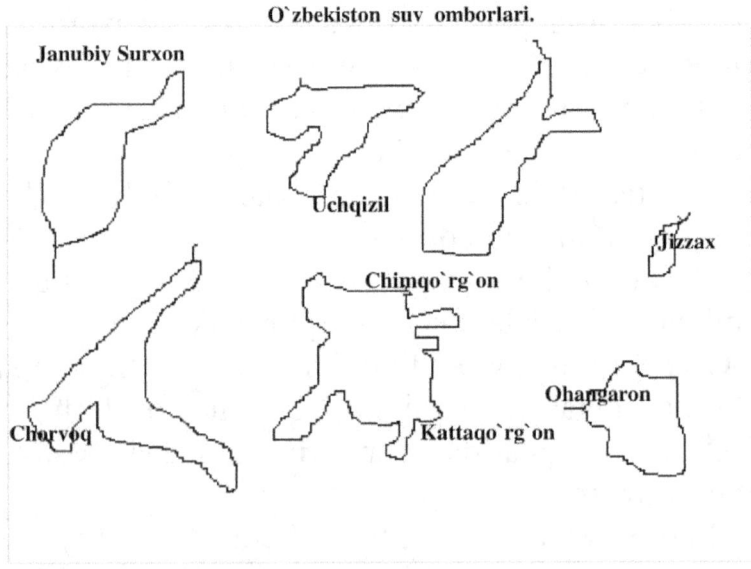

2. 9 - Rasm. O'zbekiston suv omborlari.

Yangi mavzu bo`yicha o`quvchilar bilimini baholash.
O`qituvchi umumlashtirib darsga yakun yasaydi, guruhlar to`plagan ballar hisoblanib, g`olib guruh va faol o`quvchilar baholanadi.

Uyga vazifa:
Mavzuni o`qib, savollarga javob yozish. O'zbekiston suv omborlari jadvalini tuzush. Demak, Geografiya o'qituvchisi, nafaqat georafiya o'qituvchisi barcha o'qituvchilar darsga tayyorgarlik ko'rishda har tomonlama puxta bilim, tashabbus, innovatstion texnologiyalarni qo'llash talab qilinadi.

2.2. Geografiya o'qituvchisi darslarini rejalashtirish

Geografiya darslarini rejalashtirish geografiya ta'limidagi muhim vazifalardan biri hisoblanadi. Geografiya darslarni rejalashtirish ikki qismdan iborat: mavzuli va dars rejasi, darsning samaradorligi uni qanday rejalashtirilganligi bog'liq. Mavzuli va dars rejalari qanday mukammal tuzilgan bo'lsao'quvchilarni bilim va ko'nikmalarni egallashi shunga tez va oson bo'ladi. Mavzuli rejalashtirish. Mavzuli rejalashtirishda ma'lum bir georafiya predmeti bo'limlari bo'yicha o'quv yili bo'yiga berilgan soatlar hajmi doirasida taqsimlab chiqiladi. Bunda o'qituvchini bilimlar tizimini shakllantirish, mavzular va darslar orasidagi o'zaro bog'liqliklarni aniqlash, tushunchalarni shakllantirish yo'llarini aniqlash va ularnishakllantirishni asosiy bosqichlarni, tayanch bilim va tushunchalarni ajratishni, amaliy ishlar tizimini aniqlashni rejalashtirish ko'zda tutiladi. Mavzuli rejalashtirish quyidagilarni aniqlashga imkon beradi: Ma'lum bir kurs bo'yicha o'quv jarayonlarnini to'la ko'rishga imkon beradi; ma'lum bir kurs bo'yicha dars turlarini aniqlashga; o'qituvchi va o'quvchilarni hamkorlikda faoliyatini metodlari va usullarini birgalikda qo'llashni. Odatda mavzuli rejalar soatlar hajmini o'zgarmagan taqdirda ayrim o'zgarishlar va qo'shimchalar kiritilgan holda 3-4 yil davomida foydalanishga mo'jallangan bo'ladi. Hozirgi davrda georafiya dasturlarning va predmetlarining asosiy xususiyati ulardagi bilimlarni sinfdan- sinfga murakkablashib borishidir. Shu munosabat bilan har bir geografiya darsi ma'lum bir bilim va ko'nikmalarni o'quvchilar tomonidan mustaqil o'zlashtirishini shakllantirishda alahida bosqich bo'lmog'i lozim. Shuning uchun umuta'lim maktablaridagi har bir sinf predmeti bo'yicha, bo'limlar va mavzular bo'yicha rejasi ma'lum bir – biri bilan bog'langan tizim deb qaralmog'i lozim. Mazkur tizimning barcha qismlari bir-biri bilan chambarchas bog'langan. Mazkur tizimni ikkita yirik bo'limga bo'lishimiz mumkin: tabiiy geografiya va iqtisodiy geografik. Mazkur ikki tizim bir-birini to'ldirishi lozim. Tabiiy geografik tizimidan, ular esa bo'limlar mavzular tizimlardan iborat. Shuning uchun har bir darsni ma'lum bir yaxlitlikni bir bo'lagi bo'lgan tizim deb qarash mumkin. Darslar tizimida turli xil darslar turlari ko'zda tutilmog'i lozim. Ular turli xil didaktik maqsadlarga ega bo'lishi mumkin. Ayrim darslarda faqat yangi material o'rganishi mumkin, ayrimlarida darsni hamma qismlari bo'lishi mumkin ya'ni tashkilliy qism, bilimlarni tekshirish yangi mavzuni o'rganish, olingan bilim va ko'nikmalarni mustahkamlash, uyga vazifa berish.

Mavzuli rejalatirishda quyidagi ma'lumotlar aks etish lozim: dars mavzusi; dars turi; ta'limiy maqsadi; tarbiyaviy maqsadi; qo'llaniladigan o'qitish metodi; darsning tuzulishi; dars jihozi; tayanch tushunchalar; predmetlararo aloqalar; ichki predmetlararo aloqalar. Mazkur ma'lumotlar jadval shaklida quyidagicha ifodalanishi lozim (Dushanbe, 1985) Dars mavzusi Dars turi, ta'limiy maqsadlari Tarbiyaviy maqsadlari, O'quv materiali mazmuni, Darsning tuzilishi, Darsning jixozi, Tayanch tushunchalar, Predmetlararo aloqalar Ichki predmetlararo aloqalar. Mazkur mavzuni rejalashtirishni asosi sifatiida qabul qilish mumkin. Aniq o'quv sharoitida geografiya

o'qituvchisi unga o'zining o'zgartirishlarini va qo'shimchalarini kiritish mumkin.
Dars rejasi. Dars rejasi har bir ajratilgan soat doirasida mavzuga tuziladi. Dars rejasi quyidagi qismlardan iborat bo'ladi. Darsning mavzusi: darsning maqsadi: darsning jihozi: darsda qo'llaniladigan o'qitish metodi: dars mavzusining qisqacha tavsifi: dars mavzusida uchraydigan geografik nomlar tizimi: dars mavzusida uchraydigan olimlar: dars mavzusida uchraydigan atamalar: darsni mustahkamlash uchun savol va topshiriqlar tizimi: uyga vazifa berish.
O'qituvchini darsga tayyorgarligi. O'qituuvchi har bir darsga chuqur va to'la tayyorlanmog'i lozim. O'qituvchini darsga tayyorgarligi quyidagi qismlardan iborat: darsni maqsad va vazifalarini aniqlash; darsning mazmunini aniqlash; o'qitishni metodlarni aniqlash; o'qitish vositalarini tanlash; darsni tarkibiy tuzilishini aniqlash. Darsni maqsadi deganda mazkur dars davomida o'quvchilar o'qituvchi
rahbarligida o'quv tarbiya va rivojlantirish erishadigan olingan rejalashtirilgan yakuniy natijadir. Darsning maqsadi mazkur mavzu bo'yicha dasturdagi va darslikdagi materiallar mazmunini ishlab chiqish asosida aniqlanadi. Darsning maqsadini aniqlash uni mazmunini ishlab chiqishga, o'qitish materialini tanlashga va darsni borishiga katta ta'sir ko'rsatadi. Maqsad aniqlangandan so'ng ushbu maqsadga erishish

uchun darsning tuzilishi ishlab chiqiladi. Darsning maqsadini aniqlash quyidagi talablarga javob berishi mumkin:

-darsning maqsaldi juda qisqa shaklda ifodalangan bo'lmog'i lozim;

-darsning maqsadida o'quvchilar qanday bilimlarni egallashlari, qanday ko'nikmalar shakillantirili ifodalangan bo'lmog'i lozim;

-darsda qanday bilim va ko'nikmalarni shakillantiriligshi yoki ularni chuqurlashtirish ko'rsatilishi lozim.

Darsning mazmunini aniqlash. Darsni mazmunini quyidagi bilim manbalar asosida aniqlash mumkin:

-darsliu asosida. Darslikda xar bir mavzu uchun aloxida matn ajratilgan bo'ladi matn, rasmlar, chizmalar va jadvallar bilan jixozlangan bo'ladi. Matnnni aloxida o'tgan darsga doir yoki matnni mazmuni tushunishni engillashtiradi savollarida esa olingan bilimlarni va ko'nikmalarnimustaxkamlash uchun savol va topshiriqlar tizimi beriladi;

- mazkur kur uchun nashr qilingan metodik qo'llanmalarda har bir mavzu yoki bo'limni o'qitish metodikasi bo'yicha tavsiyalar berilgan. demak darslik bilan birga metodik qo'llanma xam dars mazmunini ishlab chiqishda asosiy manba bo'lishi mumkin;

-qo'shimcha adabiyotlar dars mavzusi mazmunini

ishlab chiqishda muhim manba bo'lib hisoblanadi. Masalan, O'zbekiston iqtisodiy rayonlari o'rganayotganda har bir viloyat bo'yicha chiqarilgan kitob va risolalardan foydalanish mumkin. Maiteriklar va okeanlar kursini o'rganayotganda har bir materik yoki okean tabiiy sharoitiga bag'ishlangan kitoblardan foydalanish mumkin;
-kundalik matbuot. Radio va televideniya ma'lumotlaridan ham dars mazmunini ishlab chiqishda foydalanish mumkin;
-dars yana qiziqroq o'tishini ta'minlash uchun sayyohlar va olimlarning
estaliklari, turli xil xalqlarning urf-odatlari xaqidagi ma'lumotlardan foydalanitsh ham katta natija beradi [15,16].
Dastlab darsni ta'limiy va g'oyaviy mazmuni ishlab chiqiladi. Dars nihoyatda murakkablashib, materiallar ko'payib ketmasligi uchun o'quv mavzusi mazmuni ishlab chiqilayotganda asosiy ikkinchi darajali va qo'shimcha materiallar ajratiladi. Ikkinchi darajali va qo'shimcha materiallar darsni asosiy mazmunini oydinlashtirish va chuqurlashtirish maqsadida ishlatiladi. Ayrim xollarda darsda ko'zlangan materiallarini o'rganib bo'lmaydi, bunday xollarda qolgan material uyga vazifa sifatida beriladi va uni o'quvchilar mustaqil o'rganishadi.
Dars mazmuni ishlab chiqilagandan so'ng o'qituvchi uni bayon qilish rejasini ishlab chiqadi.

O'qitish metodini tanlash. O'qitish metodlarini tanlash darsni maqsadi a o'quv materiallari mazmuniga bog'liq. O'qitish metodini tanlash o'rganiladigan mavzuni mazkur kursda tutgan o'rniga bog'liq. Ma'lum bir kursni o'rgangan sari o'quvchilarni bilimlari ortib boradi, shundan so'ng repraduktiv usulni qo'llash mumkin. Bundan tashqari ijodiy usullarni ham qo'llash mumkin. Masalan: O'zbekiston tabiiy geografiyasini ikkinchi regional qismini o'quvchilar xaritalar yordamida mustaqil o'rganishlari mumkin. Xuddi shunday ishlarni o'quvchilar jahonnning iqtisodiy va ijtimoiy geografiyasini alohida davlatga bag'ishlangan qismini o'rganishda ham amalga oshirishlari mumkin. O'qitish metodlarini tanlashda o'quvchilarni yoshlari ham hisobga olinmog'i lozim. Quyi sinf o'quvchilari uzoq vaqt diqqat bilan eshita olishmaydi. Tez toliqishadi va zerikishadi. Shuning uchun quyi sinflarda o'qituvchi o'qitish metodlarini tez-tez o'zgartirib turishi zarur. Bunda o'yinlardan foydalanish katta samara beradi, chunki bunday sharoitda o'quvchilar toliqmaydi va kerakli bilim va ko'nikmalarni tez o'zlashtiradilar.

Dars uchun o'quv vositalarini tanlash ham muhim ishlardan hisoblanadi. O'quv vositalarini tanlash o'quvchi uchun unga murakkab bo'lmagan ish hisoblanadi, chunki dasturda har bir mavzu bo'yicha zarur bo'lgan o'quv vositalarining turlari berilgan bo'ladi. O'qituvchini vazifasi ulardan darsning qaysi qismida va qanday foydalanishni ishlab hisoblanadi. O'quv vositalari bo'yicha savollar va topshiriqlar ishlab chiqiladi. Bu esa o'quvchilarni bilim va ko'nikmalarini egallalarini osonlashtiradi [20,11].

O'quv vositalarini tanlaganda quyidagilarni hisobga olish zarur:

-o'quv vositalari darsni mazmuniga mo bo'lishi lozim;

-o'quv vositalari tanlangan o'quv metodi mazmunini to'ldirishi zarur;

-o'quv vositalari o'quvchilarni yoshiga va qobiliyatlariga mos tushishi lozim;

- o'quv vositlari amaliy va mustaqil ishlarni olib borish uchun imkon
yaratishi lozim;

-o'quv vositalari o'quvchilarni bilim va ko'nikmalarini egallashlarini
osonlashtirishi lozim.

2.3. O'qituvchining darsga kirish va tahlil etish texnikasi

Bugungi kunda yosh avlodni zamona ruhi va jahon ishlab chiqarishi ihtiyojlariga to'laligicha javob bera oladigan darajada tarbiyalash "Ta'lim to'risida"gi qonun va "Kadrlar tayyorlash milliy dasturi"ning asosiy talabi hisoblanadi. Belgilangan bu ulug'vor vazifalar ta'lim va tarbiya tizimidagi barcha bo'g'inlarning o'zaro hamkorligi asosida izchil amalga oshiriladi. Ta'lim tizimidagi boshqa bo'g'inlarda bo'lgani kabi o'rta maktab o'quvchilariga ta'lim tarbiya berish jarayonining asosiy shakli darsdir. O'quv mashg'ulotlardan tashqari o'tkaziladigan barcha ta'limiy tarbiyaviy tadbirlar o'quvchilarning dars jarayonida olgan bilimlarni to'ldirishga xizmat qiladi shu bois, ta'lim muassasalarida darslarning sifat samaradorligini oshirish, o'quv jarayonida yangi texnologiyalarni qo'llay bilish nihoyatda muhimdir.

O'quv mashg'ulotlarni yuksak darajada tashkil etish va o'tkazish uchun o'quvchi o'z ixtisosligini chuqur bilish kifoya emas. Buning uchun o'qituvchi yuqori darajadagi mahorat ham talab qilinadi. O'qituvchi dars o'qitish, o'zaro darsga kirish, kasbdoshlarining darslarini kuzatishi va ularni tahlil qilish jarayonida pedagogik mahoratga ega bo'lib boradi. Shuning uchun dars tahlili masalalari rahbarlarning diqqat markazida bo'lishi lozim.

> darsning tuzilishi, turlari

> darsning tahliliga qo'yiladigan talablari

> darsning maqsad vazifalarini bilish kerak.

2.11-rasm. O'qituvchi - mutaxassis dars tahliliga kirishidan oldin bilishi kerak.

Dars - o'quv jarayonining eng muhim bo'g'ini bo'lib, ta'lim - tarbiya masalalarining hal qilinishining amaliy va qulay shakli hisoblanadi. Ta'lim jarayonida uning maqsadi, mazmuni, usullari, tamoyillari va tashkiliy shakllari birgalikda namoyon bo'ladi.

Har bir fani o'qitish o'ziga xos xususiyatlarga ega. Ammo darsning hamma fanlar uchun umumiy bo'lgan tomonlari ham mavjud. Bu darslarning tuzilishida alohida ko'rinadi. Darsning tuzilishi turlicha bo'lishi mumkin va uning doimo faqat bir an'anaviy andoza bilan o'tkazish mutlaqo shart emas. Uning tuzilish materiallarning mazmuniga o'quvchilarning bilim saviyasiga va o'qituvchining pedagogik mahoratiga bog'liq. Ijodiy ishlaydigan o'qituvchi bularni o'z tajribasi bilan to'ldirishi, boyita bilishi va darsning maqsadi hamda vazifalariga ko'ra o'zgartirishi mumkin. Dars tahliliga kirishdan oldin o'qituvchi dars turlari to'g'risida tushunchaga ega bo'lishi kerak. Darsning turlari: 1. Aralash dars, 2. Yangi bilimlarni o'zlashtirish darsi, 3.O'zlashtirilgan bilimlarni mustahkamlash darsi, 4. Umumlashtirish va tizimlashtirish darsi, 5. Amaliy ko'nikma va malakalarni shakllantirish va takomillashtirish darslari, 6. O'quvchilarning bilim, ko'nikma va malakalarini tekshirish darslar, 7. Yangi texnologiyalarni o'zlashtirish va amaliyotda qo'llash darsi. Tavsiya etilayotgan darslar orasida aralash darslar eng ko'p qo'llaniladi. Aralash darsda bir necha didaktik maqsad qo'yiladi. Bunday darslarning tuzilishi tashkiliy qism, uy vazifalarini tekshirish va o'zlashtirilgan bilimlarni aniqlash, yangi mavzuni bayon etish uni mustahkamlash va uyga vazifani o'z ichiga oladi.

O'quv mashg'ulotlari tahlili samarali bo'lishi uchun o'qituvchilar o'zlari ta'lim nazariyasining asosiy tamoyillarida ko'rsatilgan dars turlari va uning tuzilishidan xabardor bo'lishlari talab etiladi.

O'quv jarayonini tahlil qilishda ko'pincha quyidagi kamchiliklar kuzatiladi: tizimsizlik, darslarga tasodifan qatnashish aniq bir maqsadni yo'qligi, tahlil qiluvchining darsni chuqur tahlil qilishga metodik tayyor emasligi, aniq kuzatish dasturining yo'qligi, darsda asosiy tomonlarini ajratib ko'rsata olmaslik, xulosalar chiqara bilmaslik, kasbdoshiga malakali tavsiyalar va metodik yordam bera olmaslik.

Ayniqsa, har bir darsda qatnashishidan oldin aniq maqsadni belgilash zarur. Qo'yilgan maqsad darsda qatnashish va uni tahlil qilishni yanada samaraliroq xulosalarni esa yanada aniqroq qiladi. Darslarga qatnashish maqsadlariga misollar keltiramiz.

1. O'quvchilarga qo'yilgan yagona talablarni bajarilishini tahlil qilish.
2. O'qitishning texnika vositalaridan foydalanish, ko'rgazmali va tarqatma didaktiv materiallarning samaradorligi.
3. O'quvchilarda amaliy ko'nikmalarni hosil qilish.
4. Dars va amaliy mashg'ulotlarda o'qituvchi va o'quvchi hamkorligi.
5. Darsga tayyorgarlik, uni olib borish va tashkil qilishning umumiy uslubi bilan tanishish.
6. O'quv dasturini bajarish sifatini tahlil qilish.
7. Ilg'or ish tajribalarini o'rganish va tahlil qilish.

Darsni malakali tahlil etish yosh mutaxassis o'qituvchilar uchun oson ish emas. Shuni hisobga olib darslarda ro'y beradigan ayrim holatlarni ko'rsatish orqali yordam beramiz

Dars tahliliga kirguncha, dars tahliliga kirish va uni kuzatish vaqtidagi hamda dars tugagandan keying harakatlarini aniq belgilab olishi kerak. Biz bu harakatlarni guruhlarga bo'lib ko'rib chiqamiz:

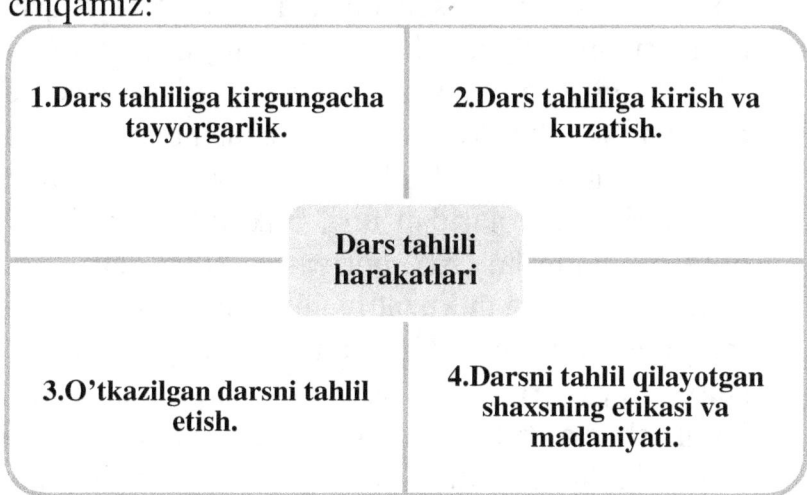

2. 12-rasm. Dars tahlili harakatlari

Dars tahliliga kirguncha tayyorgarlik quyidagilarni o'z ichiga oladi:
-dars o'tkazuvchi o'qituvchi faoliyati bilan tanishish;
-dars mavzusi va uning mazmuni, dars jadvali, o'quvchilar guruhning faoliyati bilan tanishish;
-oxirgi marta guruhga qachon, kimlar, nima maqsadda shu o'qituvchi darsiga kirishgani, ularning tahlili, xulosalari haqidagi ma'lumotlar bilan tanishish;
-so'ngra darsga kirish haqida fikr bildirish hamda

maqsadni belgilab olish va o'qituvchini ogohlantirish, maqsadni tushuntirish.

Demak, biror o'qituvchining darsiga kirish mo'ljallanga bo'lsa, o'qituvchilik kasbi odobiga ko'ra shaxslarni darsga kiritish oldidan (ayniqsa, tashqaridan kelgan shaxslarni) qaysi auditoriya (sinf) ga va qaysi darsga kirish haqida ogohlantirishlari lozim. Avvalo, uslub birlashma raisi, imkoniyat bo'lmay qolgan taqdirda, ma'muriyat a'zolaridan biri, imkoniyat bo'lmay qolgan taqdirda, ma'muriyat a'zolaridan biri, tashqaridan kelgan kuzatuvchini birga olib kirishi maqsadga muvofiq. Har qanday darsga hohlagan shaxs (yuqori tashkilot xodimi, rahbariyat, hamkasb va b.) o'qituvchini ogohlantirmasdan to'g'ridan-to'g'ri kirib kelishlari madaniyatsizlik (afsuski, ko'pchilik rahbarlar bunga rioya qilmaydilar) hisoblanadi. Bu, o'z navbatida, ba'zi bir anglashilmovchiliklar va psixologik to'siqlarning oldini olishga yordam beradi [19,24].

Dars tahliliga kirish va kuzatish quyidagilarni o'z ichiga oladi:
Dars tahliliga kirish vaqtida
➢ darsga kech qolmaslik (kech qolinsa kirmaslik, o'quv jarayonini buzmaslik);
➢ dars o'tiladigan o'quv xonasiga qo'ng'iroq chalinishidan oldin kirib joylashib olish;
➢ sinf xonasi va o'quvchilar jamoasiga moslashish; o'quvchilarni kelgan mehmonga

moslashib olishlariga imkoniyat yaratish;
➢ sinf xonasining jihozlanishi, sanitariya holati, o'quvchilarning darsga tayyorligi, joylanishlari, tashqi ko'rinishlari, mavzuni yoritishaga kerakli bo'lgan vositalarning tayyorligini kuzatish;
➢ darsning o'quv-metodik hujjatlari bilan tanishib olish;
➢ o'quvchilar jamoasi, o'qivchining ruhiy holatini kuzatish.
Demak, kuzatuvchilar orqa o'rin o'rindiqlardan birini egallagach, dars boshlanadi. O'qituvchi darsga kirganida qo'lida (yoki o'qituvchi stolida) guruh jurnali, o'quv dasturi, kalendar- mavzu rejasi, darsning texnologik xaritasi bo'lishi kerak, kuzatuvchilar dars boshlangunga qadar kerkli hujjatlar bilan tanishib oladilar.
Dars tahliliga kirish va kuzatish quyidagilarni o'z ichiga oladi:
Dars tahliliga kirish vaqtida
➢ darsga kech qolmaslik (kech qolinsa kirmaslik, o'quv jarayonini buzmaslik);
➢ dars o'tiladigan o'quv xonasiga qo'ng'iroq chalinishidan oldin kirib joylashib olish;
➢ sinf xonasi va o'quvchilar jamoasiga moslashish; o'quvchilarni kelgan mehmonga moslashib olishlariga imkoniyat yaratish;
➢ sinf xonasining jihozlanishi, sanitariya holati, o'quvchilarning darsga tayyorligi, joylanishlari, tashqi ko'rinishlari, mavzuni

yoritishaga kerakli bo'lgan vositalarning tayyorligini kuzatish;
➢ darsning o'quv-metodik hujjatlari bilan tanishib olish;
➢ o'quvchilar jamoasi, o'qivchining ruhiy holatini kuzatish.
Demak, kuzatuvchilar orqa o'rin o'rindiqlardan birini egallagach, dars boshlanadi. O'qituvchi darsga kirganida qo'lida (yoki o'qituvchi stolida) guruh jurnali, o'quv dasturi, kalendar- mavzu rejasi, darsning texnologik xaritasi bo'lishi kerak, kuzatuvchilar dars boshlangunga qadar kerkli hujjatlar bilan tanishib oladilar.
Dars jarayonini kuzatish vaqtida
➢ o'qituvchining darsga kirib kelishi (kayfiyat, ishonchli qadam tashlashi, samimiylik holati, birinchi so'zi, ohangdorligi, tashqi qiyofasi, kiyimi va b.)ni kuzatish;
➢ kerakli yozuvlar, taklif va tavsiyalarni daftarga qayd qilib boorish;
➢ darsni to'liq kuzatish: chiqib ketmaslik, ortiqcha ishlar bilan shug'ullanmaslik;
➢ darsga qo'yilgan maqsad asosida dars jarayonini kuzatib borishda quyidagilarni aniqlash:
a) o'quvchilarda o'quv predmeti bo'yicha bilim, ko'nikma, malakalar qay darajada shakllangan va ularni amaldagi vazifalarni yechishga qo'llay olishlari;
b) o'quvchilarning mustaqil faoliyatlarini tashlik

etilishi;
d) dars jarayonida turli xil uslublar va shakllarni qo'llanishi (uslub, shakl va pedogogik texnologiyalarni maqsadga muvofiq tanlanganligi);
e) dars jarayonida o'quvchilar faoliyatining o'zgarib turishi, xilma-xilligi;
j) o'qituvchining sinfdagi psixologik muxitni va vaziyatni boshqarishi.
Demak, o'qituvchi faoliyatiga samimiy munosabatda bo'lish, unga hurmat bilan qarash, harakatlarini (pontamimika orqali) maqullab turish.
Darsni tahlil etayotgan kuzatuvchilar odob-axloq qoidalariga va pedagogik madaniyat talablariga amal qilgan holda o'zlarini tutishlari kerak. Kuzatuvchilarni noo'rin harakatlari o'qituvchini chalg'itish, hayajonini kuchaytirishi mumkin [18,25].
Fikrimizni darsni tahlil etayotgan kuzatuvchilar o'quv jarayoni mobaynida o'qituvchi e'tiborini chalg'itmasdan unga xalaqit bermasdan o'qituvchining fikriga aralashmasdan tuzatmasdan, unga halaqit beradigan harakatlarsiz kuzatishlari kerak. O'qituvchiga ta'sirli qarash qilmasdan samimiy holda qarab ba'zida maqullash kabi harakatlardan foydalangan maqul.
Darsdan keyingi tahlil. Bu faqatgina o'qituvchining yutuqlari kamchiliklarini topish va

uni qog'ozga tushirish emas balki o'qituvchining pedagogik mahoratiga ijobiy ta'sir, ko'rsatish va yangicha yondashuvni shakillantirishda Uning o'ziga xos usuli, metodlarni tanlash va qo'llay olishda hamda o'quv tarbiya jarayonini takomillashtirishda muhum vositadir.

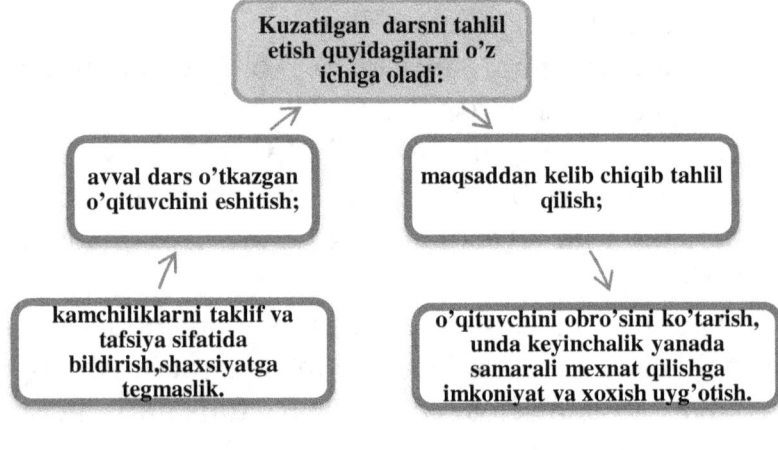

2.13-rasm. Kuzatilgan darsni tahlil etish tartibi.

Demak dars tahlili o'qituvchidan ko'tarinki ruhni shakillantirish lozim.O'tkazilgan tahlil o'qituvchi tomonidan sizni yana bir maguruhba o'zining keying darsiga taklif qilishga majbur etishi kerak. Pedagogik tadqiqot, pedagog olimlar va amaliyotchilar fikrlari shuni ko'rsatadiki, dars tahlilga yondashuvlar xilma-xil, lekin ular ichida dars tahliliga ko'mpleks yondashuvlar alohida o'rin tutadi. Darsning ko'mpleks tahlilida quyidagilarni kuzatish mumkun: Pedogogik tahlil-o'qituvchi va o'quvchi faoliyatining xilma-xilligi, ya'ni dars jarayonida o'qituvchi va o'quvchilarni darsga ruhan tayyorligi.

Ijtimoiy tahlil-o'qituvchi va o'quvchilar o'rtasida samimiy munosabatni o'rnatilishi, o'quvchilarga shaxs sifatida munosabat bo'lish, yakka yoki guruhlarda ish olib borilishida o'zaro hurmatni tashkil etish.

Texnologik tahlil- pedagogic texnologiyalar va interfaol uslublarni shu dars shu mavzuga to'g'ri talanganligi ,maqsadga muvofiqligi, qo'llanishi.

Professional tahlil-o'qituvchining kasbiy mahorati (o'quvchilarni jalb etilishi, nutqiy madaniyati, so'z boyligi nutq ohangdorligi) va kasbiga bo'lgan munosabati darsni jo'shib olib borilishi, ijodiyligi, improvizatsiyasi)

Metodik tahlil-didaktik tahlil (ta`lim nazariyasi kategoriyalari, tamoyillariga asoslanganligi, didaktik materiallarni borligi, shu mavzu uchun to`g`ri tanlanganligi va o`z vaqtida, o`z o`rnida ishlatilishi), o`quv jarayonining tashkil etilishi, konstruksiyasi.

    Yuqorida darsni tahlil etishga berilgan tavsiyalarni kengroq yoritish maqsadida uning tarkibiy qismlarini ko`rib chiqamiz.

    Dars tahlilining asosiy tarkibiy qismlari Mutaxassis sifatida o`qituvchining darsini kuzatib, uni tahlil etishni mo`ljallagan shaxslar quyidagilarga e`tibor berishlari maqsadga muvofiq: O`qituvchining darsga qanday tayyorgarlik ko`rganligi? O`qituvchida darsning o`quv rejasi va mavzu bo`yicha turli ishlanmalarning borligi, turli didaktik tarqatma material va ko`rgazmali qurollarning tayyorligi. O`qituvchining darsga tayyorgarligi bilan yuzaki (yoki darsning bir qismida) tanishib chiqilmaydi. Uning darsga tayyorgarligini butun mashg`ulot mobaynida kuzatish va tahlil etish lozim.

Dars maqsad va vazifalarining qo`yilishi. O`qituvchi har bir darsga aniq maqsad qo`yadimi? Maqsadni qanchalik to`g`ri qo`yadi? Vazifalar belgilanganmi?

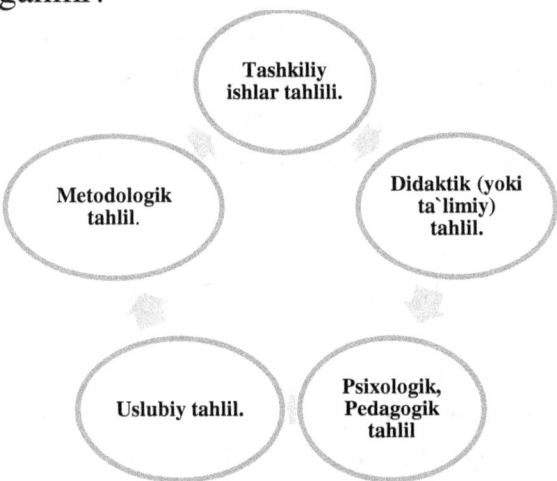

2. 14 - rasm. Dars tahlili turlari.

Tashkiliy ishlar tahlili. Mashg`ulot o`tkaziladigan xonaning darsga tayyorligi, o`quvchilarning kayfiyati va sog`ligi, o`quv xonasi va stolining tozaligi, bo`r va namlangan lattaning borligi, flipchart yoki oq doskaning hamda markerlar, skochlarning borligi, mavzuni yoritish uchun texnik vositalarning mavjudligi, ularni joylanishi, o`quvchilarni guruhlarga bo`linganligi va qulay joylashtirilganligi; ayrim sabablarga ko`ra darsda qatnashmayotgan o`quvchilarning ismi va shariflari yozilgan varaqchaning o`qituvchi stoliga qo`yilishiga, shuningdek o`qituvchining darsga hozirligiga va uning tashqi qiyofasiga ham e`tibor beriladi.

O`tgan mavzuni takrorlash. O`tgan darsni takrorlash imkoniyati bo`ldimi, agar takrorlash o`tkazilgan bo`lsa u darsning qaysi etapida amalga oshirildi va qanchalik muvaffaqiyatga ega bo`ldi. O`qituvchi o`tgan darsni takrorlash, so`rash va mustahkamlash uchun qanday axborot va pedagogik texnologiyalardan foydalandi.

Didaktik (yoki ta`limiy) tahlil. Tahlilning bu turida mavzuning ilmiyligi va izchilligi, oddiydan murakkabga tomon yo`nalishi, ko`rgazmaliligi va berilayotgan bilim, yangi axborotlarning hayotiyligi, ularning jonli va ravon tilda ochib berilishi nazarda tutiladi. O`quv mashg`ulotining mazmunini ilmiy, ahloqiy va amaliy jihatdan to`g`ri yoritilishi, uning tarbiyaviy yo`nalishi (mashg`ulot maqsadi, mazmuni, shakl va metodlari, uning tashkil etilishi qanchalik kerakli darajada tarbiyaviy yo`nalishga qaratilganligi), nazariya va amaliyot bilan bog`liqligi: o`qituvchi va o`quvchilarning bilimlarini zamonaviy ishlab-chiqarish, tabiat qonuniyatlari, atrof-muhit hodisalari, kundalik hayot masalalari bilan bog`lay olishlari, qanchalik amaliyotda o`z bilimlarini o`quv amaliyotida qo`llay olishlari, tadqiqot va tajriba o`tkaza olishlari, biron bir priborni qura olishlari va ishlata bilishlari va h.k.

Metodologik tahlil. Ushbu tahlil mobaynida ta`limy o`nalishidagi hukumat qarorlari, talablar, davlat tili, milliy ruh, madaniyatning go`zal durdonalari, shu soha bo`yicha buyuk alloma va olimlarning qilgan ishlari, fikrlari, respublikadagi oxirgi o`zgarishlarning mashg`ulot davomida foydalanilishi asos qilib olinishi mumkin.

Uslubiy tahlil. Bunda o`qituvchi faoliyatining ikki tomoni: birinchidan, o`rganilayotgan mavzuga dasturda mo`ljallangan soatda, uni qanday metodlar yordamida, o`quvchilarning yoshi va shaxsiy-psixologik xususiyatlarini hisobga olgan holda yetkazib bera olishi, o`quvchilarni o`ylashga, izlanishga majbur etishi va unga sharoit yaratishi; ikkinchidan, o`qituvchi sifatidagi tajribalari qay darajada ekanligini namoyish eta olishi nazrda tutiladi. O`qituvchining ikkinchi tomoni tahlil etilayotganda, uning ijodkorligi, uslubiy mahorati ko`zga tashlanishi lozim. Dars mavzusi bo`yicha o`quv materialini yoritishda, o`quvchilarning bilim, ko`nikma, malakalarini sinashda, ularning ijodiy, tadqiqot va qisman-izlanish ishlarini tekshirishda pedagogik va axborot texnologiyalarini to`g`ri tanlanganligi va ularni dars jarayonida samarali qo`llanishi. Dars strukturasini uslubiy jihatdan to`g`ri tashkil etilganligi. O`qituvchining ilg`or pedagogik va novatorlik tajribalari mana shu yerdan boshlanadi. Psixologik tahlil. Bu tahlil avvalo, o'quvchilarning kayfiyati, ularning sog'ligi, jamoadagi sog'lom muhit, o'quvchilarning hushyorligi, fanga bo'lgan qiziqishlari, dars berayotgan o'qituvchiga munosabati, O'quvchilarning hozirjavobligi, sezgir va topqirligi, idroki, yargi va avvalgi materiallarni esda saqlashlari, obrazli va mantiqiy tafakkurlari, o'quvchilar fantaziyasi. Oldida turgan mas'uliyatlariga nisbatan o'quvchilarning irodali va irodasizligi, ulardagi qobiliyat, bilim va ko'nikmalar ko'lami, kabi tomonlari kiradi.O'quvchilarning nutqi ustida ishlash, Darsdagi psixologik muhit va uning dars jarayoniga ta'siri, o'qituvchi va o'quvchilarning munosabati, birg'birini tushunishlari.

Pedagogik tahlil. Tahlilning bu turi ancha murakkab bo'lib, o'qituvchining tashqi qiyofasi, o'quvchilar bilan til topa olish mahorai, madaniyati, odobi bilan birgalikda dars jarayonida umuminsoniy tarbiyaning tarkibiy qismlarini o'quvchilarga bera olishi va uning nutq madaniyati ham nazarda tutiladi. Mashg'ulot mobaynida hozirgi kunda dolzarb bo'lib turgan milliy tarbiya (ekologik, iqtisodiy, ahloqiy, jinsiy, nafosat va milliy g'oya va ma'nafiyatni singdirish) [15,18].

2.4. Geografiya o'qituvchisining darsni tahlil qilish bo'yicha yordamchi materiallar

Respublikamizda "Kadrlar tayyorlash milliy dasturi", "Ta'lim to'g'risida"gi qonun talablaridan kelib chiqib ta'lim-tarbiya tizimi qayta ko'rilmoqda. Ta'lim tizimi xalqaro andozalar talabi asosida yangilanish bosqichini o'tamoqda. Bu jarayonda o'tmishdan meros bo'lib qolgan bir qator pedagogik amaliy usullarini qayta ko'rib chiqib uni zamonaviy vositalar bilan almashtirish bugungi kun talabiga javob bera oladigan qobiliyatli yoshlarni tarbiyalash muhim ahamiyatga ega. Ana shunday pedagogik amaliyotlardan biri mavzu bayoni asosida dars o'tish va dars tahlilidir [4,5].

Dars tahlilining o'ziga xos jihatlari bo'lib, dars tahlili fan bo'yicha o'tkazilayotgan mashg'ulot turi va u kim tomonidan o'tkazilayotganligi bilan chambarchas bog'liqdir.

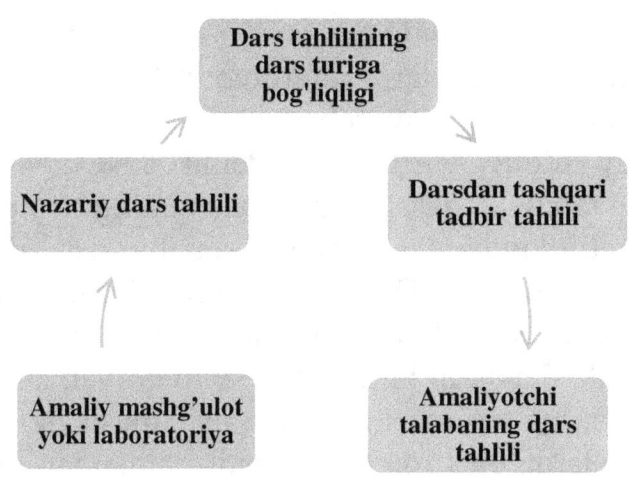

2.15-rasm. Dars tahlilining dars turiga bog'liqligi

Dars tahlili shu maqsadda turli ko'rinishda tahlil qilinadi.
1. Nazariy dars tahlili (1-ilova)
2. Darsdan tashqari tadbir tahlili (2-ilova)
3. Amaliy mashg'ulot yoki laboratoriya (3-ilova)
4. Amaliyotchi talabaning dars tahlili (4-ilova)

Dars tahlillari fan mavzulari, mashg'ulot turlari asosida olib boriladi. Amaliyotchi talabaning dars tahlili bir muncha puxta ishlangan bo'lib, talaba dars jarayonini sir-asrorlarini puxta egallab olish maqsadida uyushtiriladi.

Dars bayoni asosida dars o'tishning o'ziga xos ijobiy tomonlari ham bo'lib, bu ish jarayonida o'qituvchi o'rganilayotgan mavzu yuzasidan darsning maqsadi, o'quv vositalari, dars usulini ma'lum darajada oydinlashtiradi. Hozirgi paytga kelib noan'anaviy darslarning quruq bayoni emas, balki sstenariylari yaratilmoqdaki, bu bugungi kun talablariga javob beradi.

Oliy o'quv yurtlari, akademik listey va o'rta maktabda har bir mavzuning matnlari yaratilmoqda va alohida amaliy ish darslari belgilanmoqda. Dars bayoni bilan birga yangicha dars etaloni ham yaratilmoqda. Dars etaloni desak, darslarni bir qolipga solib qo'yamiz, etalon so'zining tarjimasi "o'lchov namunasi" demakdir. Darslarda elektron kitob yoki internetdan olingan ma'lumotlardan foydalanilmoqda. Masofadan turib o'qitish sekin - asta hayotimizga kirib kelmoqda.

Bizningcha darsning andozasini yaratish dars bayonining o'rnini olmoqda. Geografiyadan dars andozasining namunasini keltiramiz?

Dars mavzusi: Tabiat kompleksi.

<u>I.</u>   Dars andozasi bosh maqsadi:
Tabiat kompleksidan inson manfaatlari yo'lida foydalanish va uni muhofaza qilish.

<u>II. Ta'lim natijalari:</u>
1) Tabiat kompleksiga ta'rif. 2) Tabiat kompleksining tarkibiy qismlari. 3) Antropogen tabiat komplekslari. 4) Tabiat kompleksidan inson manfaatlari yo'lida foydalanish usullarini bilish. 5) Orol dengizi fojiasi sabablarini anglash.

III. Natijaga erishish shartlari:
1) Darslikda berilgan tabiat kompleksi va uning kompanetlari rasmini kuzatib, kompanentlarni

eslab qolish. 2) Tabiat kompleksining kompanentlari: relyef, iqlim, suv, tuproq, o'simlik va hayvonot dunyosi; odamlarning ikki tomonlama: odam va o'simliklar; uch tomonlama: odam, o'simlik, suv va ko'p tomonlama: relyef, iqlim, suv, o'simlik va odamlarning aloqadorligini aytib berishga tayyorlash. 3) Tabiat kompleksida insonning o'rnini aniqlash. 4) Tabiat kompanentlariga oid bilimlarni maktab joylashgan tuman misolida muayyanlashtirish. 5) Tabiat kompleksiga dastlabki, ta'rif berish. 6) Mustaqil chiqarilgan xulosani darslikdagi ta'rifga taqqoslash. 7) Tabiat kompleksiga insonning ijobiy va salbiy ta'siri bo'yicha mustaqil o'sish. 8) Orol dengizi fojeasini o'zi bilan fakt va ma'lumotlar asosida tavsiflash. 9) Antropogen tabiat kompleksiga ta'rif bering. 10) Mavzuning oxirida berilgan topshiriqlarni bajarish.

Sinf taxtasiga darslik matnini quyidagi rejasini yozish:

1) Tabiat komplekslari. 2) Geografik qobiq - eng katta tabiat kompleksi. 3) Antropogen tabiat komplekslari.

IV. Erishilgan natijaning o'lchov me'yori va baholash usuli.

Berilgan savollarga yozma javob tayyorlash.

- Tabiat kompleksi nima?
- Tabiat kompleksi qanday komponentlardan iborat?
- Tabiat kompleksiga insonning ijobiy va salbiy

ta'siri?
- Antropogen tabiat kompleksini qanday tushunasiz?
1. Orol dengizi fojeasi sabablarini yozing?
2. Mavzu bo'yicha tuzilgan testlarni berilgan vaqt ichida bajaring?
3. O'zi va o'rtoqlari bilimidagi yutuq va kamchiliklarini his qilib baholash?

Dars andozasining o'ziga xos xususiyatlari:
- Dars andozasi o'rganiladigan o'quv materialiga ta'limiy ishlov berish yo'li bilan shakllantiriladi.
- Dars andozasi. U kompleksdir, unda o'qitish va ta'lim maqsadlari, vositalari, natijalari, natijani o'lchash me'yor mezonlari aks etadi.
- Ta'lim subyektlari - o'qitish va o'qish faoliyatlari, ularni o'zaro ta'siri, ta'lim faktlari, davrlari shakllanishi ham moddiylashtiriladi.
- U o'ziga xos ko'rinishga ega.

I. Dastlabki tarkibiy qism uning bosh maqsadidir. Ta'lim andozasida o'quvchilar mustaqil o'rganishga mo'ljallab tuzilgan bosh maqsad yana boshqa shaklda ham beriladi. Tabiat kompleksini mustaqil o'rganish yoki tabiat kompleksining inson ta'siridan himoya qilishni o'rganish.

II. Ta'lim natijalari bo'limida. Mavzu bo'yicha davlat ta'lim standartlarida belgilangan bilimlar majmui qayd etiladi. Tabiat kompleksiga oid standartni o'quvchilar puxta o'zlashtirishi uchun tabiat kompleksiga berilgan ta'rif, tabiat kompleksi tarkibiy qismlari, tarkibiy qismning ikki, uch va ko'p tomonlama aloqalari, antropogen tabiat kompleksi, insonning tabiat kompleksiga ijobiy va salbiy ta'sirlari Orol muammolariga oid bilimlar o'rganiladi.

Dars andozasida uch xil maqsad aks etadi. O'quvchilarning bosh maqsadi tabiat kompleksini inson manfaatlaridan himoya qilish uchun o'rganish, oraliq maqsad davlat ta'lim standartlarini o'zlashtirishga oid maqsadi; harakatga teng maqsad - natijaga erishish shartlari bilan aloqador vazifalar. Bu maqsaddan qay birini avval amalga oshirishga qarab ta'limni ikki turga ajratamiz.

An'anaviy ta'lim. Ta'limning bu turiga ko'ra o'quvchilarning o'qishlari xotiraga mo'ljallab o'tkaziladi. Unda oldin mavzuga oid bilimlar tushuntiriladi. So'ngra bilimlarni mustahkamlash uchun mashq o'tkaziladi.

Ijodiy ta'lim Ta'limning bu turida o'quvchilar o'quv-bilim faoliyati harakatga teng maqsadlarini amalga oshirish. Dars andozasi III bo'limiga qarang oraliq maqsadlarga dars andozasi II bo'limi ulardan bosh maqsadga (Dars andozasi ham I bo'lim) qarab boradi. Ta'lim uchlik bo'yicha tashkil etiladi amaliyot – bilim – amaliyot [16].

Dars andozasi haqida o'z fikrlarimizni o'rtoqlashib maqtab o'qituvchilari va keng pedagogik ilmiy jamoatchilikka havola qildik. Dars bayoni bilan birga dars andozasidan ham foydalanish mumkin. U ixcham asoslanganligi bilan o'ziga xos.

XULOSA

1. O'qituvchi mehnatini to'g'ri tashkil qilishni shakllantirishi lozim.
2. O'qituvchi ta'lim jarayoniga tegishli hujjatlar bilan yaqindan tanish, Ota bobolarimiz ma'naviy me'rosini yaxshi bilishi shart
3. Geografiya fani o'qituvchisi uchun zarur bo'lgan barcha ta'lim vositalari va ular bilan ishlash ko'nikmasi yuqori darajada bo'lishi lozim
4. O'qituvchi doimo yangiliklarga intiluvchan, yaratuvchi, dars tahliliga kirish qoidalariga, rasmiylashtirish ko'nikmasi bo'lishi lozim.
5. Dars tahlili jarayonida fan xususiyatlari to'g'risida tushunchasi bo'lishi kerak

Foydalanilgan adabiyotlar ro'yxati

1. Karimov I. A. Barkamol avlod – O'zbekiston taraqqiyotining poydevori // O'zbekiston Respublikasi Oliy Majlisi IX sessiyasida so'zlagan nutqi. –Toshkent: Sharq, 1997. – 319 b.
2. Karimov I.A. Jahon moliyaviy-iqtisodiy inqirozi.O'zbekiston sharoitida uni bartaraf etishning yo'llari va choralari. –Toshkent: O'zbekiston,2009. – 30 b.
3. Мирзиёев Ш.М. "Буюк келажагимизни мард ва олийжаноб халқимиз билан бирга қурамиз" "Ўзбекистон" 2017.263 б.
4. Ўзбекистон Республикасининг "Таълим тўғрисида"ги Қонуни //Баркамол авлод– Ўзбекистон тараққиётининг пойдевори. – Тошкент: Ўзбекистон, 1997. –42 б.
5. Ўзбекистон Республикасининг "Кадрлар тайёрлаш Миллий дастури" //Баркамол авлод– Ўзбекистон тараққиётининг пойдевори. – Тошкент: Ўзбекистон, 1997. –60 б.
6. Annikeeva N.P. Jamoadagi ruhiy muhit T.: «O'qituvchi» 1993. 256 b
7. Azizxo'jaeva N.N. «Pedagogik texnologiya va pedagogik mahorat». TDPU-2003.
8. Zunnunov A, Mahkamov U. "Didaktika". (Ta'lim nazariyasi). (Oliy o'quv yurtlari talabalari

uchun). Darslik.Toshkent. "Sharq" 2006 yil.
9. Кан-Калик В.А.., Никандров Н.Д. Педагогическое Творчество М.: Педагогика. 1990.- 144 с.
10. Селевко Г.К. Современные образователные технологиии. М., Народное Образование, 1998.- 256 с.
11. Sultonova G. «Pedagogik mahorat». O'quv-metodik qo'llanma. T., 2005
12. Панчешникова Л.М. Методика обучения географии в средней школе. М.- 1979.
13. Mo'minov O. "Zamonaviy geografiya darsiga qo'yiladigan talablar". T., "O'qituvchi",1990 yil.
14. Ochilov M. Yangi pedagogik texnologiyalar. Qarshi, "Nasaf", 2000 y
15. Курбонниёзов Р. "География таълими методикаси" Т.- 1993.
16. Курбонниёзов Р., Курбонниёзов А., Саидова Д. Ўзбекистон табиий географиясини ўқитиш методикаси.- Урганч: 2003.
17. Farberman B. A., Musina R.G., Jumaboeva F.A. "Oliy o'quv yurtlarida o'qitishning zamonaviy usullari". – Toshkent, 2002,-
18. Ishmuhamedov R va boshq.Ta'limda innovastion texnologiyalar.Toshkent.2010.
19. Ishmuhamedov R.va boshq.Tarbiyada innovastion texnologiyalar.T:.2008
20. Yo'ldoshev J. O'zbekiston Respublikasi ta'limi taraqqiyot yo'lida. T., "O'qituvchi", 1994

у.
21. G'ulomov P, H.Vahobov, P. Baratov, M. Mamatqulov O'rta Osiyo tabiiy geografiyasi. O'zbekiston tabiiy geografiyasi "O'qituvchi" nashriyot-matbaa ijodiy uyi. Toshkent -2013
22.Ҳайитов А., Боймуродов Н. Таълимда ноанъанавий дарслар ва интерфаол усулларидан фойдаланиш. Т.: Янги аср авлоди, 2006. - 5-10 б.

Internet saytlari
23. www.ref.uz
24. www.ziyonet.uz
25. www.google.uz

GEOGRAFIYA O'QITUVCHISINING DARSGA TAYYORGARLIGI VA DARS TAHLIL QILISH USULLARI

ILOVALAR

1-Ilova

NAZARIY DARS TAHLILI

«____»_____2024 yil

Dars beruvchi o'qituvchi _____ guruhi

_____

fan _____ jurnaldagi o'quvchilar soni _____ shundan _____ nafari darsga qatnashdi _____ nafari kech keldi.

Tashkiliy qism _____

_____

Darsning borishi
1.O'tgan mavzuni takrorlash

2. Yangi mavzu

3. Darsda ko'rgazmali qurol va texnika vositalaridan foydalanish

4. Darsga tavsif (g'oyaviy – siyosiy, ilmiy – nazariy va uslubiy nuqtai nazardan, vaqtni to'g'ri taqsimlanishi)

5.

| Darsning yutug'i | Darsning kamchiligi |

6. Fanlar aloqadorligi, turmush, tabiat, ishlab chiqarishga bog'lashi

_____
_____
_____
_____
_____
_____

5. Darsning yakuni

_____
_____
_____
_____
_____

6. Uyga vazifa

_____
_____

_____
_____
_____

8. O'quvchilar daftariga va darsligiga e'tibori
_____
_____
_____

9. Sinf tozaligiga bo'lgan munosabati
_____
10. Xulosa va takliflar
_____
_____
_____
_____
_____

11. Sinf o'quvchilari haqida fikr
_____
_____
_____

     Dars kuzatuvchi:_____

Dars beruvchi:_____

2-ilova
DARSDAN TASHQARI TADBIR TAHLILI

_____kurs _____guruhi
o'quvchilar soni_____
sana_____ o'tkazish joyi
_____
Tadbirni tayyorlagan shaxs
_____
Tarbiyaviy tadbirning
mavzusi_____
Maqsadi

_____
_____

I. Tadbirning tashkil qilinishi
- tadbirning boshlanishi.
- tadbirni o'tkazish uchun olib borilgan tayyorgarlik ishlari.
- tadbirni o'tkazish rejasi va tartibi (sstenariysi).

II. Tadbirning borishi va mazmuni
- tadbir materialining ta'lim va tarbiyaviy ahamiyati zaruriy materiallardan foydalanilgani.
- insonparvarlik his - tuyg'ularini ifodalovchi tomonlar.
- tadbirni o'tkazish metodlari.
- tadbir materialining o'quvchilar uchun

qiziqarliligi va ta'siri.
- o'quvchilarning faollik darajasi.

III. Tadbir haqida o'quvchilar fikri.
- tahlili, natijasi, xulosa.
- tadbirning pedagogik mohiyati.
- istaq va maslahatlar.

3-ilova
AMALIY MASHG'ULOT YOKI LABORATORIYA DARSINING TAHLILI

Dars _____ beruvchi _____ o'qituvchi guruhi _____

fan _____ jurnaldagi o'quvchilar soni _____ shundan _____ nafari darsga qatnashdi _____ nafari kech keldi.
Tashkiliy qism
_____
_____
_____
_____
_____
_____
_____

1. Dars mavzusi _____

2. Dars maqsadi _____

3. Moddiy - texnikaviy ta'minot
a) ko'rgazmali qurollar va tarqatma materiallar
b) Maxsus moslamalar
_____
v) O'lchov va ishlov beruvchi asboblar
_____

4. Mashg'ulot davomida shakllantiriladigan amaliy ko'nikmalar
_____

5. Mashg'ulot davomida mustahkamlanadigan nazariy bilimlar
_____

Darsning borishi

I. Tashkiliy qism (ajartilgan vaqt ko'rsatilsin):
1. Davomatni tekshirish,
2. O'quvchilarning tashqi ko'rinishini (maxsus

kiyimlarini) tekshirish.
II. Kirish yo'riqnomasi (vaqti ko'rsatilsin):
1. Dars mavzusini bayon qilish
2. Darsning maqsadini bayon qilish
3. Oldingi darslardan o'tilgan materiallar yuzasidan suhbat o'tkazish (savollar va o'quvchilar familiyasi kursatilsin):
a)
_____

_____
b)
_____

_____
v)
_____

_____
4. O'quvchilarga ish usullarini ko'rsatishni taklif etish (ish usullari va o'quvchilar familiyasi ko'rsatilsin) :
a)
_____

_____
b)
_____

_____
v)
_____

_____
5. Amaliy mustaqil ishni bajarish bo'yicha yo'riqnoma berish:

5.1. Qilimoqchi bo'lgan ishni gapirib berish, yaxshi o'rganib olish va malakalari mustahkamlashni gapirib berish.
5.3. Bajarayotgan amaliy mashg'ulot yoki laboratoriya ishidan batafsil namuna ko'rsatish.
5.4. Bajarilgan ishdan nima maqsadda foydalanilishi, qaerlarga jo'natilishini va ular ishlab chiqarish yoki qaysi tarmoq uchun qanday ahamiyatga ega ekanligini gapirib berish.
5.5. Chizmalar, texnikaviy talablarni tahlil qilish (o'quvchilar diqqatini chizma talablari va texnikaviy shartlarga qat'iy rioya qilishga jalb qilish).
5.7. Ko'rsatma asosida topshiriqlarning izchil bajarilishi haqida gapirib berish.
Amaliy va laboratoriyani bajarishda ishlatiladigan jihozlar, moslamalar, asboblar haqida gapirib berish:
a) ish asbobi

___

b) o'lchov asbobi

___

v) moslamalar

___

g) jihozlar

___

5.9. Ishni bajarish jarayonida o'z - o'zini tekshirish haqida so'zlab berish va o'z - o'zini tekshirish usullarini ko'rsatish.
5.11. Toshpiriqni bajarishda qo'llaniladigan ilg'or ish usullari.
5.12. Ish joyini maqsadga muvofiq tashkil etish.
5.13. Xavfsizlik texnikasi qoidalari haqida so'zlab berish; quyidagi savollarga alohida ahamiyat berish:
5.14. Savollar yordamida o'quvchilarning o'rganilayotgan material bo'yicha o'zlashtirishlarini tekshirish (savollar ko'rsatilsin).
5.15. O'quvchilarning ishni to'g'ri tushunganliklariga ishonch hosil qilish, ularga ish usullarini butun guruh oldida qayta ko'rsatishni taklif etish.
5.16. Vaqt normasini (kompleks ishlarni bajarishdagi) malum qilish.
5.17. O'quvchilarga baho mezonini bayon qilish.
5.18. Kirish yo'riqnomasini xulosalash.
III. Joriy yo'riqnoma, mashqlar, mustaqil ishlar (vaqt ko'rsatiladi):
Mashqlar (ko'rsatiladi):
___

Mustaqil ishlar (ko'rsatiladi)
___

Muayyan maqsad bilan o'quvchilarning ish o'rinlarini aylanib ko'rib chiqish.
Birinchi aylanish: ish joylarining ahvolini

tekshirish. O'quvchilarga (familiyalari ko'rsatiladi) alohida ahamiyat berish.
Ikkinchi aylanish: ish usullarining to'g'ri bajarilishini tekshirish.
O'quvchilarga alohida (familiyalari ko'rsatiladi) ahamiyat berish.
Uchinchi aylanish: o'z - o'zini nazorat qilishning to'g'ri olib borilayotganini tekshirish. Nazorat qilish usullarining o'quvchilar (familiyalari ko'rsatiladi) tomonidan bajarilishiga alohida ahamiyat berish.
To'rtinchi aylanish: ishda texnikaviy shartlarga rioya qilinishini tekshirish.
Ishni qabul qilish va baholash. Yaxshi o'zlashtirgan o'quvchilarga qo'shimcha ishlar berish (ishlar ko'rsatiladi).
Beshinchi aylanish: ish orasidagi nazoratning to'g'ri olib borilishini tekshirish.
V. Yakunlovchi yo'riqnoma (vaqt ko'rsatiladi).
1. Kunlik ishni yakunlash.
2. Har bir o'quvchi ishining sifatiga qo'yilgan bahoni bayon qilish.
3. O'quvchilardan kim ishni a'lo bajarganini aytib o'tish.
4. O'quvchilar ishidagi eng xarakterli kamchiliklarini tahlil qilish.
VI. Ish joyini yig'ishtirish.
VII. Navbatdagi dars uchun moddiy - texnika bazasini tayyorlash.

Dars tahlil qiluvchi o'qituvchi
_____
(familiyasi, imzosi)

«____» _____ 2024__ yil.

4-ilova
AMALIYOTCHI TALABANING DARS TAHLILINING TAXMINIY NAMUNASI.

I. DARSGA TAYYORGARLIK
a) darsning mavzusi;
b) darsning maqsadi;
v) darsga oid o`quv qurollari;
g) darsga o`quvchilar tayyorligi.

II. DARSNING BOSHLANISHI
a) o`quvchilar intizomi ;
b) dars mazmunining hozirgi zamon geografiya fani bilan bog`liqligi;
v) yangi mavzu bilan o`tilgan mavzuning bog`lanishi.

III O`quvchilarning bilim, ko`nikma va malakalarini tekshirish:
a) o`quvchilar bilimini tekshirish uchun savollarning qo`yilishi;

b) o`quvchilar ko`nikmasini tekshirish uchun savollar qo`yilishi;

v) o`quvchilar malakasini tekshirish uchun savollar;

g) qo`yilgan savollarning o`quvchilar saviyasiga mosligi;

d) savolarniyechishda o`quvchilar faolligi va bu borada ko`rilgan tad birlar;

j) so`rash shakli (yalpi, yakka)

IV. YANGI MATERIALNI O`RGANISH.

1. O`quvchilarning yangi bilimlarini o`rganishni tashkil qilish bo`yicha, o`qituvchi ish usullarini o`rganish.

2. O`qituvchining yangi bilimlar mazmunini bayon qilishini baholash;

a) ta'lim - tarbiyaviy;

b) darsning ilmiyligi;

v) fanlararo aloqalar o`rnatishi;

g) o`rnatilayotgan materialning amaliy ahamiyati;

d) tayanch bilimlarni ishlata olishi;

j) yangi materialning bayon etish uslub va usullari ;

k) amaliy ishlarni tashkil etishi;

y) ko`rgazmalilikdan foydalanishi;

l) mustaqil ishlar tashkil etishi;

m) materialning o`quvchilar yoshiga mosligi ;

n) o`quvchilar bilan yakka tartibda ishlashi;

o) yaxshi va bo`sh o`zlashtiruvchi o`quvchilar bilan ishlashi;

ya) texnika vositalaridan foydalanishi;

V. DARSNING BARCHA BOSQICHLARIDA O`QUVCHILAR ISHLARINI BAHOLASH.

a) o`quvchilar diqqati, faolligi;
b) o`qituvchi savollariga javob berish tezligi;
v) o`quvchining utirgan joyida javob berishdagi holati bilan taxta
oldida javob berishni qiyoslashi;
g) javobni karta bilan bog`lay olishi;
d) materialni tartib bilan yorita olishi.

VI. YANGI MATERIALNI MUSTAHKAMLASH.

a) dars rejasida yangi materialni mustahkamlashning o`rni;
b) materialni mustahkamlash usuli (suhbat, o`quvchilarning mustaqil
ishlari va hakoza)

VII. UYGA VAZIFA

a) darsda uy vazifasining o`rni;
b) uy vazifasining o`quvchilarga tushunarli bo`lishi;
g) uy vazifasini bajarishning yangi yo`llari;
d) uy vazifasini bajarish uchun o`qituvchining yo`l-yo`riqlari va
ko`rsatmalari;
ye) uyga berilgan vazifani bajarish juda ko`p vaqtni olmaydimi ?
i) uy vazifasini bajarishda qanday ko`nikma va malakalar egallash
mumkin ?

VIII. O`QITUVCHINING PEDAGOGIK MAHORATI:

a) O`qituvchi kiyofasi, dars berishdagi mustaqilligi, fikrining to`likligi, bilim darajasi.

b) o`zini va sinfni boshqara olishi intizomni yo`lga qo`yish.

v) O`quvchilar bilan muomalasi, pedagogik takti;

g) o`qituvchi nutqi ravonligi;

IX DARSGA UMUMIY BAHO BERISH VA XULOSALASH:

a) quyilgan maqsad va ta'lim tarbiyaviy vazifani amalga oshirishi;

b) o`quvchilar qanday yangilikka erishdilar ;

v) qanday bilimlar tizimlandi ;

g) darsda qo`yilgan vazifalarning (ta'limiy, tarbiyaviy, rivojlantiruvchi) bajarilishi ;

d) o`qituvchi faoliyati (ta'limiy va tashkiliy ta'lim maqsadi, vazifalari) usullariga javob bera oladimi ?

ye) o`qituvchining qaysi hislatlari ijobiy;

j) o`qituvchining sizga yoqmagan tomonlari ;

i) darsni tashkil etishdagi takliflar ;

k) darsning umumiy bahosi.

MUNDARIJA:

	Betlar
KIRISH......................................	3
I-BOB. O'QITUVCHINING DARSGA TAYYORGALIGI VA DARS TAHLILINING METODIK MASALALARI.....................	7
1.1. O'qituvchi mehnatini tashkil etishning o'ziga xos xususiyatlari..........	7
1.2. O'qituvchining darsni tayyorlashdagi mahorat...................	22
1.3. Geografiya o'qituvchisining ijodiy ishlashi.....................	32
1.4. Darsni tahlili qilish ahamiyati............................	39
II-BOB. GEOGRAFIYA O'QITUVCHISINING DARSGA TAYYORGALIGI VA DARSNI TAHLIL QILISH USULLARI....	44
2.1. Geografiya o'qituvchisining darsga tayyorgarlik ko'rishi...	44
2.2. Geografiya o'qituvchisi darslarini rejalashtirish.................	61

2.3	O'qituvchining darsga kirish va tahlil etish texnikasi………	68
2.4	Geografiya o'qituvchisining darsni tahlil qilish bo'yicha yordamchi materiallar…………………………………………	84

XULOSA………………………………… 91

Foydalanilgan adabiyotlar ro'yxati……………………………… 92

Ilovalar…………………………… 95

www.ingramcontent.com/pod-product-compliance
Lightning Source LLC
LaVergne TN
LVHW020449070526
838199LV00063B/4890